AF226598

DEBUT D'UNE SERIE DE DOCUMENTS
EN COULEUR

R 8°
14946
(430)

SCIENCE ET RELIGION — Études pour le temps présent

430. — SCIENCE ET RELIGION

LES GRANDS PAPES

Paul GRAZIANI

Ancien élève de l'École des Chartes.

Sixte-Quint

et la réorganisation moderne du Saint-Siège

BLOUD & Cie

BLOUD & Cie, Editeurs, 4, rue Madame, Paris (VIe)

Les Langues Vivantes

Revue bi-mensuelle illustrée d'enseignement pratique

Allemand, Anglais, Espagnol, Français, Italien

	Revue complète 3 Langues et le Supplément français	2 Langues	1 Langue
FRANCE....	7 fr. 50	6 francs	4 fr. 50	3 francs
ETRANGER.	9 fr. 50	7 francs	5 fr. 50	4 francs

Un numéro.................... 0 fr. 50.

Envoi gratuit d'un spécimen

ANNALES DE PHILOSOPHIE CHRÉTIENNE

Secrétaire de la Rédaction : L. LABERTHONNIÈRE

ABONNEMENTS :

Par an : France, **20** francs ; Union postale, **22** francs.
Le Numéro : **2** francs.

Anticléricalisme et Catholicisme. 1 vol.
in-16, par VICTOR GIRAUD. Prix : 1 fr. ; *franco* : 1 fr. 20.

Ces pages d'une si pressante actualité ont été écrites comme en marge du livre récent de M. Emile Faguet sur l'Anticléricalisme. Est-il vrai, comme le prétend M. Faguet, que le Français soit « essentiellement irréligieux » ? Faits et textes en main, Victor Giraud montre ce qu'il y a d'inexact et de paradoxal dans cette appréciation, et combien, en dépit des persécutions présentes, le catholicisme français contemporain est — au point de vue intellectuel, moral et social — riche, vivant et plein d'avenir. Puis il examine quelles sont les causes de l'anticléricalisme contemporain, et il montre que s'il en est d'inavouables, il en est d'autres où les catholiques eux-mêmes ont leur juste part de responsabilité. Et, en face de cette conception pauvre, étriquée, négative, il esquisse la vraie et vivante conception du Catholicisme intégral, dans lequel il voit, avec nombre de généreux esprits de notre temps, le vrai « pouvoir spirituel » des temps nouveaux.

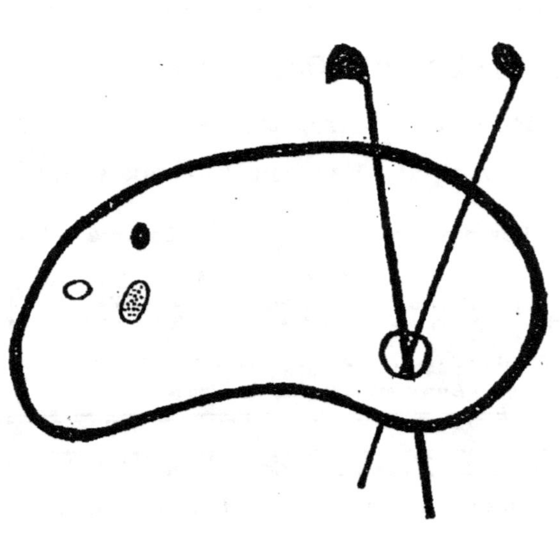

FIN D'UNE SERIE DE DOCUMENTS
EN COULEUR

SIXTE-QUINT

et la Réorganisation Moderne du Saint-Siège

PAR

PAUL GRAZIANI

Licencié ès-lettres, ancien élève de l'Ecole des Chartes.

PARIS

LIBRAIRIE BLOUD & Cie

4, RUE MADAME, 4

1907

Reproduction et traduction interdites.

MÊME COLLECTION

INTRODUCTION

Lorsque la légende et le mensonge s'acharnent contre la mémoire d'un grand personnage, il est bien difficile à l'historien, non pas peut-être de rétablir la vérité et la réalité des faits, mais de les faire accepter sans retour et de les mettre d'une façon durable et inébranlable à la place de l'erreur et de l'équivoque. A ce point de vue, aucune tâche n'est plus dure dans notre pays que l'enseignement de l'histoire. Les Manuels les plus en vogue dans les établissements d'instruction officiels semblent, sinon tous, du moins presque tous, composés en dehors ou à côté des règles de la saine et solide critique et avec une méthode si peu favorable au contrôle et à la preuve des faits qu'on peut leur reprocher une certaine partialité. Qu'est-ce qui a été, à cet égard, plus dénaturé que l'histoire de l'Inquisition, par exemple, ou celle de la Réforme? Les papes qui ont régné au moment de l'établissement ou des premiers développements de l'hérésie protestante sont, pour le plus grand nombre, méconnus et même calomniés. Sixte-Quint, dont nous entreprenons de raconter ici brièvement la vie, n'a pas échappé à cette sorte de loi destructive de la vérité. Il n'a pas fallu moins de trois siècles avant qu'on ait pu tracer de son caractère un portrait conforme à la réalité et écrire de son pontificat un récit véridique. Non pas que les documents aient longtemps fait défaut pour une pareille œuvre, mais on préférait s'en tenir à des ouvrages de seconde main écrits bien après la mort du pontife et dénués à la fois de toute critique et de toute vérité.

C'est l'ouvrage que Gregorio Leti publia à Lausanne en 1669 qui contribua le plus à fausser l'opinion sur Sixte-Quint. Cet auteur fit de ce grand Pape un héros de roman picaresque et de sa vie une longue suite d'aventures burlesques. Il nous présente Sixte comme un personnage facétieux et grotesque, un diseur de bons mots et un joueur de bons tours, cruel au besoin. C'est Leti qui répandit le mensonge des béquilles que Sixte, au moment où il était sûr de son élection au souverain pontificat, aurait rejetées vivement pour montrer aux cardinaux qu'il était bien portant et avait encore de longues années à vivre. Cette légende ne repose sur aucun fondement sérieux et cependant elle est ancrée si profondément dans l'opinion publique que les historiens eux-mêmes ont de la peine à s'en débarrasser l'esprit.

Trois quarts de siècle après la publication de l'ouvrage de Leti, un religieux conventuel, — du même ordre dont avait été Sixte-Quint, — le Père Tempesti, fit paraître à Rome sous le titre de *Storia di Sisto Quinto*, une apologie de ce pape, réfutant les mensonges de Gregorio Leti et rétablissant la vérité sur plusieurs points. En particulier, le Père Tempesti fit des recherches sur les antécédents du pontificat de Sixte, sur sa famille et son enfance, généralement mal connues. Beaucoup de ces recherches ont été fructueuses. Mais ce livre laisse encore bien à désirer au point de vue de la critique et surtout il a été très peu connu et très peu lu.

Ranke, le fameux historien allemand, s'est occupé plusieurs fois de Sixte-Quint : d'abord dans ses *Fürste und Völker von Süd-Europa*, puis et d'une façon plus approfondie dans *Les papes de Rome, leur Église et leur État aux seizième et dix-septième siècles* (1834). Ranke, quoique protestant, est d'une remarquable impartialité ; il a compulsé un très grand nombre de documents et les a soumis à une critique minutieuse et impitoyable. Cependant, même après lui, il restait quelque chose à faire. Ce fut l'œuvre d'un diplomate très au courant des affaires européennes et de l'histoire diplomatique du XVI⁰ siècle : nous voulons parler du baron de Hübner, qui tour à tour ambassadeur d'Autriche à Rome et à Paris publia dans cette dernière ville, en 1870, trois volumes sur *Sixte-Quint*. C'est là une œuvre de premier ordre. M. de Hübner a puisé aux meilleures sources et il a mis à profit les documents diplomatiques que lui offraient les archives d'État du Vatican, de Simancas, Venise, Paris, Vienne et Florence. Il a ajouté à son récit un très grand nombre de pièces justificatives du plus haut intérêt. Il a étudié à fond ce pontificat si court, mais si bien rempli et il a tracé de Sixte-Quint un portrait des mieux achevés. Il n'avance rien qu'il ne l'appuie sur une preuve solide et soit qu'il s'occupe de l'administration financière du Pape, soit qu'il raconte la répression du brigandage, soit qu'il décrive les constructions ordonnées par Sixte-Quint ou qu'il nous fasse entrer dans tous les détails de l'organisation des congrégations de cardinaux, soit enfin qu'il nous mette au courant de la politique étrangère du pontife, il sait toujours garder une admirable netteté, une impartialité qui n'exclut pas une certaine admiration pour son héros et une exactitude, une précision irréprochables : ajoutez à cela un style limpide, très pur et bien français. En somme quiconque désormais voudra connaître ou écrire la vie de Sixte-Quint devra se rapporter au livre de M. de Hübner.

Lorsqu'on parle à Rome de Sixte-Quint, on fait souvent allusion aux cinq grands faits ou institutions qui ont marqué son pontificat : les brigands ou la répression du brigandage, les monts, c'est-à-dire les rentes sur l'Etat, les Congrégations, l'aiguille (l'Obélisque) et la Ligue. M. de Hübner a utilisé cette division commode, après son chapitre sur le conclave. Cependant il était obligé par-là même de couper en plusieurs tronçons la politique extérieure du Pape, laquelle n'a pas été absorbée tout entière par les les affaires de la Ligue. Nous avons préféré, quant à nous, étudier à part, en un chapitre spécial, cette politique, après en avoir indiqué la première marche au début du pontificat de Sixte.

Nous allons dire maintenant quelques mots de la documentation diplomatique qui a permis de retracer l'histoire de ce Pape.

Ce qu'il y a de plus important, ce sont les rapports des ambassadeurs à leurs souverains respectifs et les instructions données aux ambassadeurs par les souverains ou les ministres. Or au xvi° siècle, trois Etats ont une organisation diplomatique du premier ordre : l'Espagne, Rome et Venise : l'Espagne à cause de sa puissance territoriale, de ses immenses possessions ; Rome, car le souverain pontife est en rapport avec la chrétienté tout entière tant pour l'administration spirituelle de l'Eglise que pour le temporel, et enfin la République vénitienne que les intérêts de son commerce et sa situation particulièrement difficile en face des pays conquis par les Turcs obligent à s'appuyer sur certaines amitiés et alliances et à s'informer de l'état politique des principales nations.

Les archives espagnoles de Simancas renferment les rapports envoyés à Philippe II par son ambassadeur au Vatican, Olivarès, par son représentant temporaire à Rome, le duc de Sessa, et par don Bernardino de Mendoza, son ambassadeur en France. On y trouve également les instructions royales , elles ont été rédigées par le Secrétaire d'Etat Ydiaquez, mais elles ont été corrigées et apostillées par le Roi.

Sixte-Quint aimait beaucoup à s'entretenir avec les ambassadeurs étrangers ; il préférait même traiter personnellement les affaires générales. Les dépêches et les instructions aux nonces et aux légats sont déposées au Vatican ; elles ont été rédigées par le Pape ou par une commission de cardinaux et signées par le cardinal de Montalto, petit-neveu de Sixte-Quint.

La correspondance diplomatique de Venise est considérable. Il y a d'abord les *deliberazioni*, ou instructions et dépêches aux agents de la République, et dont le texte était débattu par le Sénat. Puis viennent les *esposizioni* ou textes des pourparlers du Doge avec les ambassadeurs accrédités auprès de la Seigneurie. Les *dispacci* sont les rapports envoyés au Doge par les ambassadeurs de Venise à l'étranger. De retour à Venise, les ambassadeurs devaient lire au Sénat un résumé des événements advenus pendant leur mission : ce sont des *relazioni*. Les dispacci et les relazioni sont, en général, de véritables chefs-d'œuvre de lucidité et manifestent chez leurs auteurs une grande et rare finesse politique. Les secrétaires du doge en expédiant leurs dépêches aux ambassadeurs de Venise, y joignaient souvent des *avvisi* (avis), de feuilles volantes sur lesquelles ils consignaient les nouvelles arrivées à Venise. Venise, grande ville commerciale, en relation avec tout le Levant, était en même temps un centre d'informations unique. Chaque jour les nouvelles les plus diverses lui parvenaient de pays souvent très éloignés. Aussi les ambassadeurs vénitiens, tenus au courant de ces nouvelles, les faisaient connaître aux souverains auprès desquels ils étaient accrédités et en satisfaisant ainsi leur curiosité, ils savaient se rendre indispensables et intéressants.

Il y a fort peu de traces dans les archives de Vienne de la correspondance diplomatique entre l'Empire et le Saint-Siège. L'ambassadeur de Rodolphe II était le baron de Madrutsch qui se faisait la plupart du temps assister par son frère, le cardinal de Trente.

Henri III, roi de France, était représenté à Rome par le marquis de Pisany, grand seigneur, élégant et chevaleresque plutôt qu'habile politique. Le protecteur de France était le fameux cardinal d'Este, frère du duc de Ferrare et uni aux Valois par les liens du sang. A sa mort il fut remplacé par le cardinal de Joyeuse dans ses fonctions de protecteur : les lettres qu'il a inspirées sont dues à la plume alerte et fine de l'abbé (plus tard cardinal) d'Ossat, son secrétaire, dont Fénelon goûtait beaucoup le style. Les dépêches de M. de Villeroy sont aussi d'un fort grand intérêt. Pisany, Este et Joyeuse ont toujours soutenu, à Rome, la cause de Henri III. Mais les chefs de la Ligue et surtout les Guises, les princes du sang et le roi de Navarre ont aussi des agents à Rome.

Le grand-duc de Toscane, François de Médicis, met les plus grands soins à cultiver l'amitié du Vatican. Il a besoin de Rome, car il est entouré de rivaux et d'adversaires qui envient ses Etats. Il est puissamment aidé par son frère, le cardinal de Médicis, et ses représentants à Rome lui écrivent à chaque courrier ainsi que son auditeur de rote et ses agents non avoués, comme Mgr Sangaletto, camérier du Pape. Ils le tiennent au courant d'à peu près tout ce qui se passe ou se dit au Vatican et à cet égard, leur correspondance est presque aussi intéressante que celle des ambassadeurs vénitiens. Les ducs de Savoie, de Mantoue, de Parme et de Ferrare ont aussi par leurs agents à Rome des rapports avec les cardinaux et les personnages influents de la cour pontificale.

Le Pape recrute ses nonces dans l'épiscopat et ses légats dans le Sacré-Collège. Les archives secrètes du Vatican contiennent les rapports importants des deux légats envoyés par Sixte-Quint en France, les cardinaux Morosini et Gaëtani.

Sur l'enfance et la jeunesse de Sixte-Quint, nous ne sommes pas très bien informés, malgré les recherches du P. Tempesti. On a recours à des manuscrits anonymes du Capitole, de la Vallicellana et aux archives du prince Altiéri. Nous pouvons avoir quelques renseignements sur les mœurs et l'état social de l'Italie à la fin du xvie siècle grâce aux avis vénitiens dont nous avons déjà parlé, aux feuilles volantes ou *avvisi* des nouvellistes (ou *menanti*, meneurs) de la Ville Eternelle, aux registres des paroisses de Rome et à quelques publications contemporaines.

Grâce à tous ces documents, on peut se faire une idée assez juste de la personne et du pontificat de Sixte-Quint. Venu après un pontife faible, quoique ayant de belles qualités de piété et de bonté, Grégoire XIII, et en des temps extrêmement troublés pour l'Eglise et toute la chrétienté, Sixte-Quint a été avant tout un Pape énergique et organisateur. Sa fermeté, sa sévérité ne dépassaient pas les limites de la plus stricte justice , mais il voulait que le bon ordre régnât dans tous ses Etats avec la paix et la sécu-

rité. Il réforma autant qu'il lui était possible l'administration spirituelle du Saint-Siège et son institution des Congrégations cardinalices subsiste encore fort peu modifiée. Il
sut par de sages économies et par d'utiles institutions amasser un important trésor ; il orna la ville de belles constructions et sa politique extérieure qui chercha toujours à
débarrasser la chrétienté des hérétiques et des infidèles,
voulut toujours maintenir l'équilibre européen sans jamais
faire le jeu de ceux qui recherchaient l'hégémonie. On peut
donc dire qu'il fut un grand et habile pape, peut-être le
plus grand du xvi° siècle, en tout cas celui qui a le mieux
compris et servi les intérêts de l'Eglise à cette époque.

Entrons maintenant dans l'histoire de sa vie et de son
pontificat.

SIXTE-QUINT

CHAPITRE PREMIER

Du Monastère au Pontificat.

C'est au fond de la province des Marches, sur l'un des contreforts des Apennins, dans le bourg ou « castello » de Grotte a Mare que naquit Felice Peretti, le futur Sixte-Quint, un vendredi, jour de sainte Lucie, le 13 décembre 1521. Sa famille, d'origine esclavonne, avait fui devant les Turcs qui menaçaient la Dalmatie au milieu du quinzième siècle, et était venue s'établir en Italie. L'émigré dalmate Zanetto fixa son domicile à Montalto et y eut des enfants qui, alliés à des familles du pays, finirent par prendre place dans la petite bourgeoisie. Le quatrième descendant de Zanetto, Piergentile, ruiné après le sac de Montalto, par le duc d'Urbin en 1518, se réfugia à Grotte a Mare où il se fit jardinier. Son frère, Frà Salvador, était entré au monastère des Mineurs conventuels de Montalto : c'est par son intermédiaire que les Peretti purent entretenir

quelques relations avec des personnes de la
classe aisée. Le bon Piergentile nourrissait
une ambition bien singulière ; il croyait — se
fondant sur certains indices qui lui paraissaient
infaillibles — que son premier enfant, le petit
Felice, était destiné à devenir pape. C'est ce qui
ressort de la relation de l'ambassadeur vénitien
Lorenzo Priuli (1586). Rien ne prouve que
Felice ait fait le métier de porcher ; il est fort
possible qu'il ait, dans son enfance, parfois
gardé les pourceaux que pouvait posséder son
père. Ce qui est certain, c'est qu'à l'âge de neuf
ans, il entra au couvent de Montalto, prit à
douze ans l'habit de novice et se fit remarquer
par son zèle et ses rapides progrès. Il continua
ses études dans différents couvents, et à dix-
neuf ans il avait déjà une grande réputation de
prédicateur. Il prêcha dans les divers mo-
nastères de son ordre et son éloquence, pleine
de verve et de vigueur, obtenait un immense
succès. Il n'hésitait pas à s'attaquer aux puissants de la terre, malgré les difficultés que lui
attira parfois cette indépendance. Pendant le
carême de 1552, il prêcha dans l'église des
Saints-Apôtres, à Rome, devant une affluence
considérable. Il y avait là des théologiens de la
cour pontificale, des membres des différents
ordres religieux, des dames de l'aristocratie,
de jeunes seigneurs, des ambassadeurs et
surtout le protecteur de Frà Felice, le cardinal
Carpi, et deux hommes que l'Eglise devait
canoniser plus tard, Ignace de Loyola et Philippe de Néri. La parole ardente, fougueuse du
jeune religieux, ses gestes, sa science solide
et sa robuste conviction frappèrent l'auguste
assistance. Il y avait là un homme qui semblait
destiné à devenir une des colonnes de l'Eglise,

en ce temps de troubles et d'hérésies, un caractère indomptable et énergique, une volonté unie à une puissante intelligence. De ce jour date — on peut le dire avec M. de Hübner, — la fortune de Felice Peretti. Le cardinal Caraffa, le futur Paul IV, le cardinal Ghislieri, qui deviendra Pie V, le cardinal Carpi, allaient souvent dans la cellule du jeune moine, converser de longues heures avec lui. Il entretenait des relations avec l'illustre famille des Colonna, dont le palais attenait à son couvent.

Felice Peretti était une nature loyale et vive ; il était souvent sujet à la colère ; lorsqu'il sentait qu'elle allait le saisir, ses mains frémissaient, mais ce défaut qu'il reconnaissait d'ailleurs lui-même très sincèrement s'alliait chez lui à un grand esprit de charité et de bienveillance. Très humble, mais ne se méprenant pas sur sa valeur, c'était un travailleur austère et infatigable, dormant peu, très sobre ; on ne le voyait jamais inoccupé, et il méditait souvent. Il aimait les livres, son seul trésor, et rédigeait une sorte de journal de sa vie, qui nous est resté et où il notait les moindres incidents de son existence monacale.

Il termina ses études de théologie à Ferrare, fut ordonné prêtre à vingt-six ans à Sienne, où il enseigna le droit canon, et reçut le grade de docteur à Fermo. Il fut régent des couvents des Mineurs successivement à Sienne, Naples et Venise. Il avait fait imprimer quelques-uns de ses sermons et si nous en jugeons par le seul exemplaire qui nous en reste et qui se trouve à la bibliothèque Barberini, la magnificence de sa parole explique son immense succès. Il accomplit d'une manière stricte et impitoyable la réforme des couvents dont il était recteur ; sa sévérité lui valut une réputation de cruauté, alors qu'il ne faisait preuve que d'une inflexible justice. A Venise surtout, où le gouvernement tolérait le relâchement de la règle des Frari, sa tâche fut très difficile ; on lui fit une telle guerre sourde, qu'il se démit de sa charge ; mais il fut bientôt sollicité de la reprendre, ce qu'il fit, et il fut nommé consulteur du Saint-Office de Venise. Sa rigueur exaspéra les Vénitiens ; rappelé à Rome, il fut nommé théologien au concile qui devait s'ouvrir à Trente, mais où il ne se rendit pas, puis consulteur du Saint-Office et lecteur à la Sapienza. Puis, procureur général et vicaire apostolique de son ordre, il lutta encore contre la tiédeur et la routine, contre le mépris de la règle. Malgré sa sévérité, il savait faire preuve d'une grande générosité et du pardon des injures. Le moine qui, à Venise, avait mené campagne contre lui et demandé son rappel, n'eut pas à se plaindre de lui : Felice Peretti qui l'avait une première fois proposé pour la place de supérieur des Frari de Venise, intervint encore en sa faveur au moment où ce moine, qui avait commis quelques délits, fut sommé de se rendre à Rome. Le cardinal Buoncompagni, envoyé comme légat en Espagne par Pie IV, prit comme théologien de son ambassade Frà Felice, mais il ne sut pas gagner sa sympathie, car il lui infligeait souvent des humiliations imméritées. Lorsque Buoncompagni fut pape (sous le nom de Grégoire XIII) il ne fut jamais bien vu du frère Felice. Mais la mort de Pie IV, le nouveau conclave appelèrent en hâte Buoncompagni à Rome ; le cardinal Ghislieri, élu pape, nomma le frère Felice évêque de Sainte-Agathe, puis de Rome, et en 1570 il le fit cardinal.

Peretti, devenu le cardinal de Montalto, fut honoré de la confiance de Pie V ; il était consulté sur toutes les affaires graves et il savait remplir à la fois sa charge d'inquisiteur et ses devoirs de pasteur. Il vivait à Rome avec sa sœur donna Camilla ; celle-ci, veuve d'un cultivateur, avait deux enfants, Francesco et Maria, femme d'un gentilhomme romain, Fabio Damasceni. Maria eut de son mariage deux fils dont l'un fut le cardinal Alexandre Montalto et l'autre Michel Peretti, prince de Venafro, et deux filles, Flavia Orsini, duchesse de Bracciano, et Ursule qui épousa le grand connétable Marc-Antonio Colonna. Ces quatre petits-neveux du cardinal de Montalto furent élevés sous ses yeux, dans sa maison de la Via Papale.

Mais Pie V qui avait toujours accordé sa sympathie et sa protection à Montalto, sentant sa fin approcher, fit appeler celui-ci auprès de son lit de mort : et le saint pape expira devant le moine qu'il avait tant aimé et qu'il avait élevé jusqu'à l'épiscopat et jusqu'au cardinalat. Le nouveau pape, Grégoire XIII, l'ancien cardinal Buoncompagni, n'avait pas oublié les démêlés qu'il avait eus avec frà Felice, durant son ambassade en Espagne ; il le lui fit bien sentir et le tint dans une disgrâce que rien ne pouvait justifier. Le cardinal Montalto en conçut quelque acrimonie ; il critiqua le pape et se laissa aller à quelques mots cruels sur son gouvernement et ses favoris. Il s'aliénait ainsi les sympathies des cardinaux grégoriens et des créatures du nouveau pape. Il vivait dans sa maison de campagne, la villa Peretti (aujourd'hui la villa Massimi), au milieu des vignes, sur les pentes de l'Esquilin. Il usait des services d'un jeune maçon, venu des montagnes de Côme et qui fut plus tard le grand architecte Dominique Fontana. Les appartements de son petit palais étaient ornés de belles fresques dues au talent de Mattia de Sienne, de Cesare Nebbia, de Salimbene, de Baglioni, etc. Du haut de sa loggia il jouissait d'une vue splendide sur une partie de Rome et sur la Sabine.

Au moment où le cardinal allait s'installer dans sa villa, un deuil terrible vint le frapper. Son neveu Francesco fut traîtreusement assassiné par son beau-frère Marcello Accoramboni. Il laissait une jeune femme, l'une des célébrités de l'époque, Vittoria Accoramboni, remarquable par sa beauté, par son éloquence et les dons de son esprit. Le meurtre du neveu de Montalto suscita l'émotion générale à Rome ; on se disait tout bas que le redoutable seigneur Paolo Giordano Orsini, qui avait recherché autrefois la main de Vittoria, ne devait pas être étranger à ce crime. La suite des événements confirma cette opinion, car plus tard le chef des Orsini, malgré un monitoire de Grégoire XIII, épousa la jeune veuve et vécut tranquillement avec elle à Rome, au palais Orsini.

C'est ainsi que le cardinal Montalto vivait dans l'obscurité et dans l'amertume. Rien ne faisait prévoir qu'il succéderait un jour à ce même pape qui le tenait ainsi en disgrâce. Grégoire XIII, pontife faible et peu actif, atteint d'une violente bronchite, mourut le 10 avril 1585. Cette mort inattendue causa une grande surprise à Rome et même à l'étranger. On craignait des troubles dans la ville, où les brigands répandaient la terreur. Grâce aux mesures de sûreté prises par les cardinaux de Médicis, Colonna et Guastavillani, la police bien réorganisée, l'ordre put être maintenu et l'on n'eut à déplorer que quelques assassinats.

Dès les obsèques de Grégoire XIII et avant
l'ouverture du conclave, les partis se dessinèrent,
les compétitions se manifestèrent. La rivalité
entre la France, représentée par le marquis de
Pisany, et l'Espagne, représentée par Olivarès,
éclata dans les rapports entre les ambassadeurs.
L'empereur, la France et l'Espagne avaient le
privilège de l'exclusion. Philippe II était assez
indécis, Henri III ne pouvait qu'assez faiblement
influer sur le conclave, car la faction française
était divisée : certains, comme le cardinal d'Este,
tenaient à Henri III, d'autres comme le cardinal
de Sens, à la Ligue. L'Empereur se désintéressait
des affaires de Rome ; la République de Venise,
tout en observant ce qui se passait au Vatican,
ne voulait pas intervenir dans les élections ; le
duc de Savoie s'appuyait sur l'Espagne ; le
grand-duc de Toscane, seul parmi les princes
italiens, portait un intérêt considérable à la
future élection ; il avait besoin de l'amitié et de
l'aide du Pape, car les Etats de l'Eglise limi-
taient les siens propres depuis Orbitello jusqu'à
Ferrare. François de Médicis était exactement
tenu au courant des moindres événements de
Rome par son frère le cardinal de Médicis et
son ambassadeur, Alberti, évêque de Cortone.

Le cardinal de Médicis était un grand seigneur, bienveillant et de manières affables,
politique avisé, protecteur des arts comme ses
illustres ancêtres. Il était fort estimé dans le
sacré collège, où pourtant il comptait un rival,
le cardinal Farnèse. Celui-ci, frère du duc de
Parme, doué de grandes qualités, possesseur
d'une assez belle fortune, avait déjà vu monter
sur le trône de saint Pierre et mourir six papes ;
fort ambitieux, il pouvait espérer que le choix
des électeurs se porterait sur lui.

Le cardinal San Sisto, neveu de Grégoire XIII, était chef des cardinaux grégoriens. Il s'agissait pour Médicis — qui tenait avant tout à combattre Farnèse — de gagner San Sisto, ou, si c'était impossible, de l'isoler de son groupe. Médicis espérait que Philippe II demanderait l'exclusion de Farnèse : d'accord avec le cardinal Alexandrino, ne comptant que médiocrement sur San Sisto, qui se montrait fort réservé, il ne put atteindre son but, car Philippe II, heureux des succès remportés par Alexandre de Parme dans les Flandres, déclara qu'il voulait laisser la plus entière liberté au conclave. Cette abstention parut être à Médicis un appui indirectement prêté à Farnèse et il n'hésita pas à s'en plaindre à Olivarès. De plus San Sisto venait de se prononcer pour Farnèse, et, si ce dernier ne pouvait être élu, pour Savello. Or comme Farnèse et Savello étaient les ennemis du duc de Sora, le seigneur Giacomo Buoncompagni, fils naturel de Grégoire XIII (ce pape l'avait eu alors qu'il était encore laïque), Médicis se rapprocha du duc de Sora, qui devint son véritable agent dans le conclave, gagnant son cousin Guastavillani et quelques grégoriens. Le nom du cardinal Cesi seul avait été proposé comme celui d'un candidat probable : Médicis le soutenait. C'était un prélat très estimé pour ses vertus et ses solides qualités. Mais, dans le parti opposé, il y avait toujours Farnèse et Savello. Le cardinal d'Este finit par laisser comprendre que le roi de France était favorable à Savello.

Médicis, qui savait que Savello abandonnerait le pouvoir à Farnèse, tenta de nouvelles intrigues. Mais Farnèse se dessinait de plus en plus comme le candidat le plus sûr ; il ne prenait même pas la peine de dissimuler ses espérances, et ses chances en effet étaient assez fortes. Dix jours après la mort de Grégoire XIII, le conclave s'ouvrit au Vatican. Trente-neuf électeurs étaient réunis ; les cardinaux que la rumeur publique déclarait « papables » étaient Farnèse, Savello, Sirletto, Paleotto, Santa-Croce, Cesi, Santorio, Torres, Altemps, Mondovi, Castagna et enfin Montalto. Le premier, quoique respectable, était assez impopulaire à cause de son esprit cassant ; Sirletto avait un penchant trop manifeste pour l'Espagne ; Paleotto, célèbre canoniste, avait le tort d'être Bolonais ; Montalto, le frate, vivant loin des affaires, mais très estimé et très considéré, était le candidat de Médicis, qui allait maintenant d'accord avec Este et Alexandrino, mais Médicis faisait démentir la candidature du frate. Mais il fallait encore gagner Altemps, San Sisto et les grégoriens. Montalto avait été averti par Médicis des démarches faites en sa faveur : retiré dans sa cellule, il se contentait de garder un digne silence. Altemps adhéra aux intentions de Médicis ; dans la *salla regia*, Este parvint à gagner définitivement Guastavillani, Marcello et Sforza, puis San Sisto lui-même, qu'il persuada que Montalto serait élu par adoration (1). Farnèse, qui n'avait jusque-là pas pris au sérieux la candidature de Montalto, comprit qu'il allait être vaincu et que la Providence désignait le frate, l'humble cordelier, comme devant être le pape. Lorsque tous les cardinaux furent réunis dans la chapelle Sixtine, Este s'écria : « Il ne s'agit plus de lire des bulles de scrutin, le Pape

______

(1) Il y a élection par adoration lorsque deux tiers au moins des cardinaux se prosternent cérémonieusement aux pieds de celui qu'ils veulent élire ; le vote doit d'ailleurs toujours suivre l'acte d'adoration.

est fait ! Procédons à l'adoration ! » Les cris
répétés de : « Montalto » accompagnèrent ces
paroles et tous les cardinaux se prosternèrent
aux pieds du nouveau pape. L'acte d'adoration
terminé, eut lieu le vote, à haute voix et par
appel nominal. Le cardinal de Montalto fut élu
pape à l'unanimité.

Ce fut le mercredi de Pâques, 24 avril 1585,
vers huit heures du matin, que le cardinal Montalto, ayant pris le nom de Sixte-Quint, monta
sur le siège apostolique (1). Il devait en partie
son élection à Médicis, Este, Altemps et à
l'adhésion tardive de San Sisto, que les grégoriens suivirent, un peu malgré eux. Mais il était
avant tout l'élu de la Providence. Les brigues et
les intrigues inévitables n'avaient pu faire le
succès de Farnèse, ni de Cesi, ni de Savello. Il
fallait un homme doué d'une indomptable énergie, d'une conviction profonde, capable de lutter
contre l'hérésie et ses progrès grandissants et
de continuer l'œuvre de réforme au sein de
l'Eglise. Malgré toutes les compétitions, ceux
qui étaient chargés d'élire le pape, durent porter leurs suffrages sur celui d'entre eux qui
était le plus digne de mener à bien cette œuvre
difficile, celui que l'ambassadeur de France
Pisany décrit à son roi en deux mots : « un cor-

(1) La légende mensongère qui représente Sixte-Quint
jetant ses béquilles lorsqu'il est sûr de son élection ne
repose sur aucun fondement sérieux. Elle suppose que le
pape aurait voulu paraître infirme et cassé pour inviter
les cardinaux à voter pour lui sans avoir à craindre que
son pontificat durerait longtemps. En réalité le pape était
d'une assez faible santé, comme le montrent des rapports
diplomatiques du temps. Un manuscrit urbinate possède
un avis (*avviso*) parlant de l'âge feint du pape : c'est le
seul document contemporain faisant mention de ce fait ;
les ambassadeurs vénitiens n'y ajoutent pas foi.

delier du nom de Montalto », et qui fut en effet un pontife ferme et réformateur.

« L'élection de Sixte-Quint, écrivait au doge l'ambassadeur vénitien Lorenzo Priuli, est estimée l'œuvre du Saint-Esprit, tous les cardinaux ayant si promptement concouru à son exaltation.... Ni l'inimitié du seigneur Paolo Giordano Orsini, ni les démarches que ce seigneur faisait auprès du collège des cardinaux, leur demandant un à un, en se jetant à leurs pieds, de ne pas faire Montalto pape, ni l'aversion de toute la cour qui, se rappelant les sévérités de Pie V, ne voulait pas d'un pape moine, n'ont pu prévaloir : car de semblables démarches et considérations et de plus grandes encore ne peuvent rien contre la volonté de notre seigneur Dieu (1). »

CHAPITRE II

La répression du brigandage.

Le premier soin de Sixte-Quint, une fois monté sur le siège apostolique, fut de réorganiser les Etats pontificaux et d'y rétablir la sécurité. C'était là une tâche très difficile. En effet, durant les treize années du pontificat de Grégoire XIII, le brigandage avait sévi dans les

(1) Relation vénitienne de Lorenzo Priuli, 1586.

Etats de l'Eglise. Les brigands répandaient partout la terreur, groupés par bandes innombrables, commandées par des personnages d'origine très différents. Tantôt ces chefs de bandes étaient de petits seigneurs comme Alphonso Picolomini, duc de Montemarciano, Dal Monte, de la famille de Jules III, Lamberto Malacita, Marco, Sciarra, Evandro Campello, Ottavio Avogadri, le comte Léonello ; tantôt, c'étaient des prêtres, comme ce Guercino qui s'appelait lui-même « le Roi de la Campagne », ou comme ce Giovanni Valenti, le prêtre d'Arde, qui prenait le titre de « Roi des Maremmes et de la Montagne ». Il y avait aussi Marianaccio l'anthropophage, l'Homme sauvage et Giacomo del Gallo, « *il papa dei banditi* », qui portait un médaillon d'or où étaient gravés ces mots : « *Jacobus Gallus princeps Romandiolæ.* »

Les ravages commis par les brigands étaient égalés, pour ne pas dire dépassés, par ceux des milices, envoyées de temps en temps pour les combattre. Mais il faut dire que les bandits étaient mieux disciplinés et mieux nourris que les milices et les populations, qui leur prêtaient souvent leur appui, les redoutaient moins que les soldats du duc de Sora, de Prospero Colonna et de Mario Sforza ; ces troupes, qui ne protégeaient pas plus les personnes que les biens, étaient surnommées les *massacreurs*, « *gli ammazatori* ». Il y avait presque autant de brigands que de soldats réguliers et l'on a compté que dans les dernières années de Grégoire XIII, le nombre des brigands pouvait s'évaluer de douze à vingt-sept mille hommes. Les Romains exprimaient leur opinion sur l'impunité dont jouissaient les brigands par cette phrase brève mais cruelle : « *Corrono i tempi gregoriani*, les temps grégoriens s'écoulent. » De petits seigneurs des Marches et de la Romagne achetaient l'aide des bandits, comme autrefois des condottières, et ils s'en servaient pour leurs vengeances particulières, leurs guerres privées. L'opinion publique de cette époque ne considérait pas le bandit comme un être déshonoré, flétri, mais plutôt comme un aventurier sorti de la société, mais qui pouvait fort bien y rentrer et même conquérir la faveur des grands en même temps que le pardon. Le fameux Ludovic Orsini, qui avait, pendant des années, exercé le brigandage, n'obtint-il pas de la Sérénissime République de Venise la régence de Corfou ? On peut aller jusqu'à affirmer que le banditisme, entouré jusqu'à un certain point, de la sympathie populaire, usait souvent de l'appui des princes et même des gouverneurs : il avait fini par devenir un élément de la vie nationale et les racines qu'il avait poussées dans le pays étaient aussi profondes que celles de la Camorra ou de la Maffia dans la moderne Italie du sud.

Le gouvernement pontifical fut souvent forcé de traiter avec les principaux chefs de brigands. C'est ainsi que par un bref de 1583, Grégoire XIII avait absous de ses crimes Alphonse Picolomini qui, à vingt-cinq ans, avouait avoir commis trois cent soixante-dix assassinats. Il est vrai que la même année était pendu Achille de Velletri qui pourtant n'avait à se reprocher que soixante-quinze homicides. Dans les provinces, les bandits profitaient d'une impunité presque entière ; on ne cultivait plus les terres, car l'on n'était pas sûr d'en recueillir les fruits. Dans la campagne romaine, ils trouvaient asile et protection, avec le vivre et le couvert, dans les châteaux des barons, qui semblaient être unis à eux par les liens d'une sorte d'assurance mutuelle. Les mêmes faits se reproduisent d'ailleurs de nos jours en Sicile et dans la région napolitaine où l'on a à déplorer les organisations secrètes connues sous le nom de Camorra et de Maffia. Mais au XVIe siècle, c'était encore pire. On ne parlait que de vols, de faux, d'actes de violence, d'empoisonnements, de meurtres commis en public. Des gens armés, parfois même des bandes de spadassins parcouraient Rome, armés de poignards, d'arquebuses ; des rixes se produisaient : le « bargello » ou chef des sbires, était souvent impuissant à rétablir l'ordre. Il arriva même qu'un jour le bargello et ses policiers étant entrés dans le palais des Orsini qui était, au vu et au su de tout le monde, un repaire de bandits, s'emparèrent d'un fameux brigand, et ils étaient en train de l'emmener quand ils rencontrèrent un groupe de jeunes seigneurs des plus grandes familles : des Orsini, des Savelli, des Rusticucci, des Capizucchi. Une lutte s'engagea entre ces jeunes gens, qui voulaient délivrer le prisonnier, et les sbires. Cette rixe fut le commencement de combats qui durèrent trois jours dans les rues de Rome, autour des palais fortifiés, et au cours desquelles furent tués Rusticucci, quelques Orsini et un domestique de la maison du cardinal de Montalto. Grâce à l'intervention du cardinal de Médicis, la cité rentra un moment dans le calme, mais les jeunes seigneurs ne s'apaisèrent qu'à condition que le bargello serait pendu, pour le punir d'avoir violé le domicile et les franchises des Orsini. Montalto n'oublia jamais cet événement, qui explique en partie sa rigueur

contre les bandits et leurs protecteurs, lorsqu'il
fut pape.

A peine monté sur le trône de St-Pierre, Sixte-
Quint fit quelques nominations qu'il ne devait
pas tarder à rapporter. Il mit un Rusticucci aux
affaires des princes, en remplacement du cardinal de Côme ; il maintint le seigneur Giacomo
Buoncompagni, duc de Sora, dans ses fonctions
de général de la Sainte Eglise ; le cardinal
Alexandrino fut nommé chef de la consulte du
gouvernement ecclésiastique ; le marquis
Altemps eut, avec la garde de Sa Sainteté, le
gouvernement du Borgo, Mgr Sangiorgio celui
de Rome. Peu de temps après l'élection, les
conservateurs du Capitole se présentèrent au
Vatican, demandant selon la coutume la justice,
la paix, la tranquillité. Le Pape leur répondit
qu'il comptait sur eux pour cela, ajoutant qu'il
était résolu, s'il le fallait, à leur faire couper la
tête. Ce mot terrible causa une grande émotion
dans Rome. Orsini, duc de Bracciano, qui avait
épousé en secondes noces Vittoria Accoramboni
et qui avait suscité l'assassinat du neveu du
Pape, osa venir faire une visite à Sixte-Quint.
Celui-ci lui jeta un regard tel qu'Orsini s'enfuit
de Rome. Le Pape ayant interdit le port des
armes, quatre jeunes gens n'observèrent pas
cet ordre et se promenèrent avec leurs arquebuses ; ils furent arrêtés, condamnés à mort et
pendus au pont Saint-Ange. Cet acte de rigou-
reuse justice répandit dans Rome la plus grande
consternation. On avait un pontife énergique,
mais inflexible. Cette transformation s'était opé-
rée dès les quatre premiers jours du pontificat,
du 24 au 27 avril. Le Pape fit encore quelques
nominations : il fit Castagna gouverneur de
Bologne, Colonna de la Romagne, Cesi des

Marches, Spinola de Pérouse, Lancelloto de la Campagne romaine. Le mercredi 1er mai, il fut couronné à Saint-Pierre ; le cardinal de Médicis lui posa la tiare sur la tête. Il n'y eut pas de distribution d'argent au peuple, par mesure d'économie, ni de banquet offert, comme d'habitude, aux barons romains, à cause de la cherté des vivres. Le 5 mai, le Pape prit possession de Latran. Le lendemain, eut lieu la grande procession qui partit du Couvent d'Ara Cœli. Le 13, le Pape tint un consistoire où il promut cardinal son petit-neveu, Alexandro de Montalto, âgé de quatorze ans. Pieux et doux, le nouveau cardinal devait être plus tard l'un des auxiliaires les plus dévoués de Sixte-Quint, avec Mgr Sangalletto, camérier du pape, et Mgr Graziani, son secrétaire.

Puis le pape organisa la répression du banditisme et de tous les malfaiteurs qui infestaient ses Etats. Les premiers bandits détruits furent Picolomini et le prêtre Guercino. Michel Peretti fut nommé général de la Sainte Eglise, le duc de Sora ayant été destitué de cette haute fonction, à cause de son incapacité. Mgr Pierbenedetti eut le gouvernement de Rome, en remplacement de Sangiorgio ; il sut se montrer ferme dans ses nouveaux pouvoirs et menaça les *menanti* ou nouvellistes de les faire arrêter s'ils diffamaient les particuliers. Quelques jeunes gens des plus hautes familles ayant mis, par dérision, des têtes de chats sur des piques, au pont Saint-Ange, faillirent être exécutés. Robert d'Altemps ayant enlevé une jeune fille de la maison du seigneur Frangipani, ne fut pas condamné à mort, mais il ne dut son salut qu'à l'intervention d'un prince étranger. Le cardinal Guastavillani fut mis aux arrêts pour désobéissance ; le cardinal Sforza dut livrer à la justice ses palefreniers, coupables d'un crime ; le comte Attilio Baschi fut exécuté pour un parricide commis depuis très longtemps et resté juqu'alors impuni. Fossombrone, complice de Ludovico Orsini dans l'assassinat de Vitelli, fut pendu. Un estafier de l'ambassade autrichienne de Daun de Zimbern et de Curtius, ayant été trouvé porteur d'une arme prohibée dans le quartier des courtisanes, fut arrêté par le bargello et les protestations des ambassadeurs n'y firent rien : « Si l'Empereur, leur répondit Sixte-Quint, venait à Rome et n'observait pas les lois du pays, je le ferais arrêter. » Les ecclésiastiques eux-mêmes n'échappaient pas à ces rigueurs ; un religieux ayant commis un crime fut exécuté ; un autre ayant abusé de la crédulité du peuple en montrant une fausse image miraculeuse fut fustigé en public ; don Annibal Capello, un nouvelliste décrié, fut condamné à mort et tué.

L'événement qui suscita le plus d'émotion et même une certaine agitation fut l'arrestation et l'exécution à Bologne du comte Giovanni Pepoli (27 août 1585). Pepoli, qui appartenait à la haute aristocratie bolonaise, avait déjà donné asile à des bandits et avait été épargné malgré cela. Mais il récidiva et refusa de céder au légat de Bologne le bandit Grazino, sous prétexte que le château où celui-ci se trouvait était un fief impérial et ne relevait pas du Pape. Refuser de livrer un bandit et donner un pareil prétexte pouvait alors paraître un crime de lèse-majesté pontificale. Giovani Pepoli fut arrêté et emprisonné. Le Pape ne désirait pas user de trop de rigueurs envers lui, Pepoli protestant de son dévouement au Saint-Siège. Malheureusement, on trouva dans sa prison une lettre signée de lui où il disait qu'il espérait bientôt sortir des mains de « ces prêtres tyrans et de ce frère tyran ». C'était plus qu'il n'en fallait pour être condamné à mort et Giovanni Pepoli fut étranglé dans sa prison ; ses biens furent confisqués. Comme c'était un homme bienfaisant et charitable, sa mort indigna les Bolonais, mais elle répandit partout une salutaire terreur. Un historien moderne qui a a étudié l'affaire Pepoli (1), croit que ce fut une erreur judiciaire et cite un document d'après lequel la lettre reprochée au malheureux comte aurait été un faux, fabriqué par les adversaires de Pepoli et connu du vice-légat de Bologne. Le Pape aurait ainsi été trompé, de même que les Pepoli eux-mêmes. Quoi qu'il en soit, l'exécution de ce grand seigneur fit comprendre aux barons romains que le temps de l'impunité était passé pour eux.

Sixte-Quint voulait s'entendre avec les divers Etats de l'Italie pour réprimer le brigandage. Les brigands sous le nom de *fuorusciti, demasmadieri*, etc., pullulaient dans la Toscane et le royaume de Naples ; ils étaient moins nombreux en Savoie et dans la République de Venise, où les *capelletti* ou troupes de police albanaises les pourchassaient. Sixte-Quint conclut un concordat à ce sujet avec Venise : les Romains bannis des Etats pontificaux seraient exclus des territoires Vénitiens, et le Pape s'engageait à la réciprocité envers Venise. François de Médicis, qui avait parfois besoin des bandits, ne voulait pas être trop sévère à leur égard. Le Pape lui réclamait vainement l'arrestation du bandit Lamberto Malatesta qui, après avoir commis des déprédations en territoire de l'Eglise, se

____

(1) Gozzadini.

réfugiait en Toscane. Le Pape alla jusqu'à me-
nacer le grand-duc de la guerre. Ce dernier
alors céda, il fit arrêter Malatesta ; on livra au
Pape ce brigand qui fut exécuté. Sur les trente
mille bandits qui en 1585 ravageaient les Etats
pontificaux, on pouvait dire en 1587 qu'il n'en
restait plus beaucoup.

Le Pape, entre temps, avait envoyé comme
nonce à Paris, à la place de Mgr de Bergame,
Mgr de Nazareth ; celui-ci fut combattu par les
intrigues d'Este et de Médicis ; le roi lui ayant
ordonné de s'arrêter à Lyon, le Pape invita
Pisany, notre ambassadeur, à quitter Rome ; le
cardinal d'Este intervint, l'affaire s'arrangea,
Mgr de Nazareth et Pisany regagnèrent leur
poste. Le duc de Terranuova, gouverneur de
Milan, ayant commis un abus de pouvoir et le
vice-roi de Naples ayant cherché à faire enlever
des blés sur le territoire pontifical de Bénévent,
furent menacés d'excommunication et durent
se soumettre. Le Pape ne craignait rien.

CHAPITRE III

Les Finances et les Congrégations.

Il ne suffit pas à Sixte-Quint d'avoir rétabli
l'ordre public dans ses Etats ; il eut aussi à
cœur de s'occuper d'un autre élément, et non le
moins important, de la vie nationale : les finances. Pour qu'un Etat soit fort, il faut qu'il soit
riche et que rien ne le trouble à l'intérieur. Le

Pape résumait ces deux conditions nécessaires
à la prospérité d'un pays en ces mots : « Rigueur
et amas de richesses. » Nous avons vu ce qu'il
entendait par rigueur : c'était la répression du
brigandage, le châtiment de ceux qui encoura-
geaient et protégeaient les brigands, les bravi,
les spadassins à tout faire. Mais pour faire
respecter l'autorité du Saint-Siège au dehors et
mener à bien ses projets de politique extérieure,
il lui fallait de l'argent. Grâce à son système
financier et à ses sages économies, il réussit à
accumuler des millions. Nous ne voulons pas
dire qu'il fut le prince le plus riche de l'Europe :
le roi d'Espagne, l'Empereur, Henri III avaient
certes plus de ressources que lui ; seulement, il
n'était jamais pris au dépourvu ; quand les circonstances l'exigeaient, il ne se trouvait jamais
à court d'argent, tandis que les autres princes de
l'Europe se trouvaient parfois aux abois. On
savait du reste qu'il était riche, et il tenait à ce
qu'on le sût. L'attrait de la richesse est toujours
très puissant sur les peuples et les princes. Mais
Sixte-Quint ne dépensait pas ses trésors en
vaines prodigalités. Quand il subventionnait un
souverain catholique, c'était toujours sous certaines conditions et dans le cas où ce souverain
aurait remporté des succès. Il n'ouvrait des
crédits qu'à bon escient. Henri III en sut quelque chose : Sixte-Quint se méfiait de ce roi, qu'il
avait en pitié et dont il connaissait tous les
défauts. Il refusa par deux fois de lui prêter de
l'argent, ayant peur que ce prince en fît un
mauvais usage. M. de Pisany disait que le Pape
ne ferait à Henri III ni du bien ni du mal, si
cela devait lui coûter de l'argent, mais que s'il y
avait quelque chose à attendre de lui, ce serait
plutôt le mal que le bien, car « c'est son inclina-

tion naturelle ». Le mot du marquis est bien méchant et bien injuste. Mais le Pape ne voulait pas confier son argent à un roi dont il n'était pas sûr et qui l'aurait peut-être fait servir à ses débauches.

Sixte-Quint commença par faire de notables économies, de grandes réductions dans ses dépenses ; il avait déposé son trésor au château Saint-Ange; mais c'était là un capital improductif, un capital qui ne circulait pas. Il est vrai qu'à cette époque on ne savait pas que l'argent peut, en circulant, créer des valeurs nouvelles et surtout on ne connaissait presque pas le crédit. Les banques, même celles de Venise et de Gênes, n'ouvraient pas de crédit, la politique financière des souverains consistait donc à amasser du numéraire. A la fin de chaque année, le gouvernement pontifical faisait procéder rapidement à la perception des impôts et faisait encaisser les sommes dues à la chambre apostolique. Il arrivait souvent que le petit commerce souffrait de ces perturbations financières, du retrait du numéraire. Ce n'est pas que Rome fût une ville commerciale ni même industrielle, car les Romains préféraient s'occuper d'art ou de lettres que de négoce : cependant Sixte-Quint protégea le commerce dans ses Etats, fit construire des routes et des ponts, affranchit le port d'Ancône dont il favorisa les transactions avec Venise, encouragea la culture de la soie dans les Marches, et fit revivre ailleurs le tissage des laines. Il protégeait et utilisait les juifs très nombreux à Rome : ceux-ci aimaient ce Pape qui avait défendu, sous des peines sévères, de les outrager.

Le Pape donna aussi une certaine extension à la vénalité des charges, aux offices vacables et

non vacables et à ce que l'on appelait alors les
« Monti », ou « Monts », c'est-à-dire les fonds
d'Etat.

Il y avait trois catégories d'offices dits vacables : *les offices de prélature ou de premier
ordre ;* celui qui acquérait un de ces offices
devait — outre le paiement de la valeur de la
charge — présenter certaines conditions de capa-
cité, être prélat, par exemple. Puis venaient *les
offices mineurs.* C'étaient aussi des emplois
publics, toujours vénaux, mais dont l'acquéreur
pouvait n'être pas prélat : il pouvait même
exercer son office en commun avec un tiers.
Quant aux offices de troisième ordre, ils ne don-
naient pas accès aux fonctions publiques, mais
les propriétaires touchaient annuellement une
partie du produit de certaines taxes affectées à
ces services. Pour les revenus des offices de
prélature et des offices mineurs, ils provenaient
des émoluments payés par les parties qui
devaient recourir à l'intervention des titulaires
de ces charges.

A la mort du propriétaire, l'office devenait
vacant ; la daterie le remettait en vente et aucune indemnité n'était payée aux héritiers des
propriétaires défunts. Tant que ces charges ne
sont vendues qu'à des personnes ayant toutes
les garanties nécessaires pour les remplir, le
système de vénalité des offices est excellent ;
mais dès qu'il n'y a plus un pontife fort et vigilant pour exercer un contrôle actif, l'abus peut
se produire fort naturellement. Sixte-Quint, afin
de multiplier les vacances, décida que les offices vaqueraient lorsque leurs titulaires seraient
promus à l'évêché ou au cardinalat ; il en était
de même pour les monts. Aussi de très riches
personnages, surtout des Génois, espérant soit

arriver à l'épiscopat soit entrer dans le sacré-collège, venaient en nombre placer leurs capitaux dans les monti ou bien acheter des offices vacables.

Les particuliers plaçaient leurs fonds dans les monts à des intérêts qui variaient de 5 à 10 pour 100. Ces monts représentaient tout à fait la dette de l'Etat, et les acquéreurs des actions appelées *lieux* étaient les créanciers. Il y avait les monts vacables, c'est-à-dire remboursables ou amortissables à une époque déterminée, et les monts non vacables ou perpétuels. Sixte-Quint créa le mont des Archives : il fit réunir tous les actes notariés en un Corps des Archives générales des Etats pontificaux, ou, moyennant une petite redevance, on pouvait venir faire des recherches. Il afferma les archives pour neuf ans à Paolo Falconieri qui devait servir chaque année une redevance de 11.000 écus (1). Le Mont des Archives se composa de 980 *lieux* ou actions à 100 écus. L'intérêt *payé* aux acquéreurs était de 10 % et était pris sur la redevance de Falconieri. Le pape espérait au bout de neuf ans affermer les archives à des conditions encore meilleures.

Pour subvenir aux frais de la construction du pont Sixte et de la coupole de Saint-Pierre et pour donner à Philippe II les subsides qu'il lui avait promis pour la guerre contre Elisabeth d'Angleterre, Sixte-Quint fonda le mont vacable de Saint-Bonaventure. Le capital fut fixé d'abord à 300.000 puis à 400.000 écus. Il y avait 4.000 lieux à 100 écus et au taux de 10 %. On paya les intérêts avec une partie des produits de la douane de Rome, des postes pontificales,

______

(1) L'écu valait alors un peu plus de 6 francs.

des droits sur le timbre, augmentés pour la circonstance. Les monts non vacables rendaient seulement 5 %. Le mont Sixte donnait au trésor 520.000 écus ; mais pour en payer les intérêts, le pape créa pour tous ses États, sauf pour les villes de Rome et de Bologne, une taxe sur les vins. C'était une faute, et il ne tarda pas à s'en apercevoir. Le vin est dans le Midi un produit de première nécessité : il fait partie de l'alimentation journalière de l'homme. Quand le peuple n'est pas riche, un impôt sur un produit de première nécessité tue le commerce de ce produit. C'était le cas du paysan de l'Etat pontifical : pour payer le quatrin qui frappa chaque foglietta de vin, il dut se saigner aux quatre veines ; l'irritation générale fut telle que Sixte-Quint s'empressa de supprimer cet impôt.

Certes, l'état des finances du Pape était incomparablement meilleur que celui où se trouvait le trésor public à l'avènement de Sixte. Sixte-Quint s'en est d'ailleurs ouvert lui-même à l'ambassadeur vénitien Alberto Badoer. A l'époque de son élection, les revenus de l'Etat étaient de 2.000.000 d'écus d'or (1), mais avec 1.800.000 écus d'argent de dettes. En 1589, il y avait au château Saint-Ange trois millions d'écus en or et un million d'écus en argent, et il y avait 2.800.000 écus en monts vacables. En somme le Pape avait à sa disposition une somme de 45 à 50.000.000 de francs. Les ambassadeurs étrangers se demandaient avec inquiétude ce que le pape comptait faire de tout cet argent et à quels projets mystérieux il le destinait. Ils trouvaient « que le Pape avait tort de thésauriser et de grever ses sujets de charges, et surtout de se fier

____

(1) L'or gagnait alors 20 °/. sur l'argent.

beaucoup plus à l'or renfermé dans ses coffres qu'à la Providence divine ; et puis, n'exposait-il pas ses richesses à la cupidité des pillards ? Du reste les princes chrétiens étaient prêts à se dévouer pour le Saint-Père : il n'avait pas besoin de tant d'or et d'argent ». Le Pape qui connaissait ces doléances, s'en souciait peu. Il savait à quoi s'en tenir au sujet du dévouement filial des princes ; il n'avait plus peur des brigands ni des pillards ; pour les desseins de la Providence, il ne voulait pas que les diplomates se crussent plus capables de les pénétrer que lui-même. Il mettait à profit la devise : Aide-toi, le ciel t'aidera, et à une époque où l'or était déjà une puissance, il n'avait pas hésité à mettre de côté les richesses nécessaires pour faire la prospérité de ses Etats et faciliter ses projets de politique universelle.

Ayant ainsi examiné dans ses grands traits le système financier de Sixte-Quint, nous allons étudier maintenant les réformes qu'il porta dans le gouvernement spirituel de l'Eglise. Nous nous occuperons surtout des congrégations de cardinaux. Le Pape gouvernait alors l'Eglise de concert avec les cardinaux réunis en consistoire. Dans ces assemblées, les cardinaux délibéraient avec certains fonctionnaires sur les questions soumises par le Pape, qui, après avoir entendu leur avis, décidait en dernier lieu. Mais avec le développement de la puissance de l'Eglise, ce mode de gouvernement ne fut plus suffisant. Les Papes éprouvèrent le besoin avant de réunir le consistoire à propos de telle affaire, de consulter quelques cardinaux que leurs lumières ou leur expérience rendaient plus compétents sur la question dont il s'agissait que leurs collègues. Paul III, au

moment de la Réforme, créa la première congrégation de cardinaux, c'est-à-dire la congrégation du Saint-Office ou l'Inquisition qui s'oc-
cupait surtout des questions de dogme. Grégoire XIII avait bien aussi institué quelques
congrégations, mais elles fonctionnaient assez
mal.

Sixte résolut de donner une nouvelle consti-
tution à l'Eglise. Les consistoires où siégeaient
des Cardinaux membres des familles régnantes,
et des cardinaux protecteurs de la France, de
l'Espagne, de l'Empire, de la Pologne, de
Venise, de Savoie, étaient trop souvent des réu-
nions où les membres défendaient les intérêts
de leurs familles ou de leurs mandants, ne faisant passer qu'au second rang les intérêts de
l'Eglise. Les consistoires se tenaient ordinaire-
ment dans la salle ducale ; le pape Sixte-Quint
y trouva souvent une très forte opposition, mais
il savait répondre aux objections avec une éloquence et une verve qui rappelaient l'ancien
orateur. Il n'aimait pas que l'on s'abstînt d'assister à ces séances et il savait accabler de son
esprit railleur les absents ; il laissait aux cardinaux la plus grande indépendance, écoutait
leurs raisons, se rangeait parfois — sans qu'il
l'avouât — à leurs avis, exigeait souvent le secret,
sous peine de la perte du chapeau ou même de
mort. Les ambassadeurs assistaient quelquefois
à ces séances, dont ils écrivaient ensuite les
comptes rendus. Jusqu'à la fin de sa vie, il continua à réunir les cardinaux une fois par semaine
et à leur soumettre des questions soit ecclésiastiques, soit politiques, soit financières.

Cependant s'il tenait aux consistoires, il jugea
bon aussi d'établir parmi les cardinaux une
certaine division du travail, d'instituer de nou-

velles congrégations, de réorganiser les anciennes. Cette réforme — encore en vigueur — du gouvernement de l'Eglise est contenue dans la Bulle *Immensa œterni Dei* (23 janv. 1587). Au début de la bulle, il parle de l'admirable harmonie que Dieu a portée dans l'œuvre de la création: toutes les créations se servent et se complètent mutuellement. De même qu'il y a dans la Jérusalem céleste une certaine hiérarchie entre les esprits bienheureux, de même il doit y en avoir une parmi les pasteurs qui sur la terre veillent au soin des ouailles de Dieu. Il y a autour du souverain pontife soixante-dix cardinaux, les plus illustres membres de l'Eglise, chargés de l'assister de leurs conseils, de porter avec lui le fardeau immense de la chrétienté. Mais la bulle fait ressortir que le Pape a seul la plénitude du pouvoir et que les votes des cardinaux ont un caractère purement consultatif. Puis la bulle montre que la nécessité de faciliter l'expédition des affaires explique la création des congrégations des cardinaux.

Les congrégations établies sont au nombre de quinze. Celles qui s'occupent des questions spirituelles existent encore. Il y a d'abord la congrégation du saint-office, fondée par Paul III et que Sixte-Quint réorganisa. Elle est munie des pouvoirs d'un tribunal et a à connaître de toutes les causes relatives à la foi, depuis l'hérésie jusqu'à l'abus des sacrements. Elle est présidée par le Pape et étend sa juridiction sur tous les pays où existe la religion catholique. La congrégation de la signature des grâces a l'examen des demandes de grâces et de faveurs qui ne dépendent pas des tribunaux ordinaires. Celle dite « pour l'érection d'églises et provisions consistoriales » s'occupe de demandes d'érection d'églises patriarcales et métropolitaines, d'établissements de cathédrales et de chapitres. La congrégation de l'abondance de l'Etat ecclésiastique a la direction de l'approvisionnement de Rome et des provinces ; Sixte-Quint la dota de deux cent mille écus destinés à former le patrimoine des pauvres. La congrégation des rites et cérémonies s'occupe de la liturgie, veille à la conservation des usages établis dans les solennités de l'Eglise ; les causes de canonisation sont de son ressort. La congrégation dite « pour l'armée navale » doit s'occuper de former une marine pontificale pour combattre les corsaires et pirates qui infestaient la mer Supérieure. La congrégation de l'Index rédige la liste des livres défendus et doit se mettre en relation avec les Universités de Paris, Bologne, Salamanque et Louvain. La congrégation du concile de Trente interprète les actes de ce fameux Concile pour ce qui regarde les mœurs et la discipline. Sa sphère d'activité embrasse l'ensemble du monde chrétien. Mais le Pape se réserve le droit de décider sur les matières de dogme traitées par le concile de Trente. Il y a une congrégation pour soulager le peuple de l'Etat ecclésiastique et une congrégation pour gouverner l'Université dite la Sapienza, que Léon X avait créée et que Sixte-Quint réorganisa : il éleva aussi les deux ailes de l'édifice. La congrégation des Réguliers est chargée du contentieux entre différents ordres monastiques ; la congrégation des évêques reçoit les demandes des patriarches, primats, archevêques évêques et prélats non réguliers ; elle est chargée de juger les contestations qui s'élèvent entre eux. Il y a une congrégation pour l'entretien des routes, ponts et aqueducs, et une autre pour la surveillance de l'imprimerie Vaticane. Cette imprimerie, fondée par Pie IV, fut agrandie par Sixte-Quint qui y fit publier son édition des Pères de l'Eglise et de la Vulgate. La dernière congrégation, dite « sur les consultations de l'Etat », était un tribunal d'appel revisant les procès au criminel et au civil, sauf décision définitive du Pape.

De toutes ces congrégations, celles qui ont trait aux affaires spirituelles de l'Eglise subsistent toujours ; la congrégation de l'Université a pris le nom de congrégation des études. Sixte-Quint respecta presque toujours les avis émis par les congrégations ; on n'a que de rares exemples qu'il ait passé outre à leurs décisions. L'établissement de ces groupements fut en général bien accueilli et s'il suscita de petits froissements d'amour-propre dans la répartition du personnel, il ne souleva aucune objection de principe. On peut donc dire avec M. de Hübner qu'à Sixte-Quint revient l'honneur d'avoir organisé le travail de l'Eglise.

Il s'occupa avec le plus grand soin de la composition du Sacré Collège. Certes il ne put pas toujours résister à sa tendresse pour les siens et au lendemain de son élection il ne craignit pas de donner la pourpre à un enfant de treize ans. Mais en général ceux qu'il créa cardinaux étaient des hommes de mœurs exemplaires et très pieux ; certains même comme le vénitien Morosini, l'anglais Alan, Pierbenedetti, gouverneur de Rome, et Aldobrandini qui devint pape, se sont distingués très brillamment. Le dernier nom que l'on trouve sur la liste de la dernière promotion de Sixte-Quint est celui d'un Pepoli, de cette famille dont le Pape s'était vu obligé de faire mettre à mort le chef. Le Pape désirait que les candidats au cardinalat aient les qualités requises pour cette dignité et il nomma une congrégation chargée de se prononcer sur les vertus et les titres de ceux qui briguaient la pourpre. Par sa bulle *Postquam verus ille* du 3 décembre 1586, il fixa à soixante-dix le nombre des cardinaux et les divisa en trois ordres : 6 évêques, 50 prêtres, 14 diacres. Les cardinaux devaient être choisis dans toutes les nations chrétiennes ; les diacres devront avoir au moins vingt-deux ans ; parmi les soixante-dix cardinaux il y aura au moins quatre docteurs en théologie appartenant aux ordres mendiants. Pour être cardinal il faut avoir reçu les ordres mineurs et porté au moins une année la tonsure et l'habit ecclésiastique. Les cardinaux absents de Rome au moment de leur création sont obligés de s'y présenter dans l'année. Il arrivait souvent, en effet, que certains cardinaux éludaient cette obligation, et Sixte-Quint s'en plaignait à leur souverain. Le cardinal Draskovich tardant à se rendre à Rome, il y eut échange de notes acerbes entre le Vatican et la cour de Prague.

Sixte-Quint était fort sévère en général sur le choix des membres du Sacré Collège ; il aimait, lorsqu'il faisait une promotion, à faire valoir les titres et les qualités des nouveaux cardinaux. Il affirmait que lorsqu'un pape, vers la fin de sa vie, faisait de trop nombreuses promotions, il pouvait faire supposer qu'il cherchait à faire élire après lui un pape qui serait favorable à sa famille. De même, aimait-il à dire, qu'il faut laisser à l'évêque le soin de nommer le vicaire, de même il faut laisser à l'Evêque qu'est Jésus-Christ le soin de désigner le souverain pontife.

Beaucoup de cardinaux qui avaient pris part au conclave de 1585 ne tardèrent pas à mourir. Sirletto disparut le premier, puis ce fut le tour

de Cesi et du cardinal d'Este. Celui-ci-fut remplacé comme protecteur pour la France par le
cardinal de Joyeuse : homme d'esprit, il avait
pour secrétaire l'abbé plus tard cardinal d'Ossat,
dont il a sûrement inspiré les fameuses lettres.
Sixte-Quint l'aimait peu à cause de sa jactance.
Dans les consistoires, Joyeuse tenait toujours
tête au Pape, à ses syllogismes et à ses sarcas-
mes, et dans leur for intérieur les cardinaux
n'en étaient pas mécontents. Les sujets les plus
graves comme la ligue, le sort de la France
pendant les guerres de religion, étaient ceux
où Joyeuse intervenait avec le plus de bonheur.
Seulement il passait pour avoir le mauvais œil,
pour être « jettatore » et à cause de cela les
« papabili » le redoutaient. Les cardinaux San
Sisto et Guastavillani, neveux de Grégoire XIII,
moururent aussi assez tôt, Savello et Azzolino
les suivirent de près et l'heure fatale sonna enfin
pour le cardinal Farnèse : une crise d'apoplexie
l'emporta au début de mars 1589 à l'âge de
70 ans. Le cardinal Ferdinand de Médicis,
à la mort de son frère François, le 19 octobre
1587, devint grand-duc de Toscane et déposa
le chapeau et la pourpre. Ses relations avec le
Saint-Siège furent en général fort bonnes, inter-
rompues parfois par de courtes brouilles.

Le pape Sixte-Quint s'occupa aussi beaucoup
des ordres monastiques. Par bulle du 5 mai 1586
il confirma la Congrégation des Feuillants.
Cependant il y eut un ordre pour lequel Sixte V
se montra plus froid et plus réservé que les
autres papes : nous voulons parler de la Société
de Jésus. Cette célèbre Compagnie avait acquis
depuis sa fondation un prestige incomparable ;
ses membres, comme de vaillants soldats du
Christ, avaient porté de rudes coups à l'hérésie

par leur discipline, leur éloquente propagande,
leurs vertus et leur science. Cependant en Espagne et en Italie, les Jésuites avaient beaucoup
de rivaux et d'envieux, partant des ennemis.
L'Inquisition espagnole, trouvant trop grands
les pouvoirs du général et des supérieurs et re-
gardantcela commeune infraction à ses préroga-
tives, se plaignit au roi. Philippe II chargea Olivarès de demander au Pape la revision des règles
de saint Ignace et la nomination d'un provincial
pour l'Espagne. Sixte-Quint écouta les représen-
tations du P. Acquaviva, alors général de l'ordre,
puis soumit l'affaire à la congrégation du saint-
office. Celle-ci rendit une sentence favorable
aux Jésuites et le nonce à Madrid fit savoir à
l'Inquisition que sa demande était exagérée,
attentatoire aux droits de la Société et même du
Saint-Siège. Cependant l'Inquisition espagnole
ne désarmait pas. Elle avait fait jeter en prison
des Pères qui avaient refusé de lui remettre les
exemplaires des Constitutions. A Rome, Olivarès
essayait toujours de tourner contre la Compagnie les dispositions du Souverain Pontife. Il
finit par y arriver et Sixte-Quint chargea le cardinal Caraffa d'examiner les règles des Jésuites ; il
lui fit part de quelques-uns des points les plus
importants qui, d'après lui, semblaient réclamer
des modifications : le trop d'étendue des pouvoirs
du général et des supérieurs, la nomination aux
divers grades par le Père général et les Pères
assistants, la longue durée du noviciat, l'obéis-
sance aveugle, la correction fraternelle, le nom
même de la Compagnie. Le P. Acquaviva répondit à tous ces griefs et il réussit même à gagner
le cardinal Caraffa. Entre temps les princes favo-
rables aux Jésuites, le duc de Bavière, le roi de
Pologne Sigismond, plusieurs prélats et sei-

gneurs intervinrent auprès du Pape et le suppliè-
rent de ne pas détruire un ordre qui avait rendu
tant de services à la religion. Sixte-Quint répondit qu'il n'avait pas l'intention de supprimer cet
ordre, mais seulement de corriger ses défauts.
Il retira sa commission au cardinal Caraffa qui
traînait l'affaire en longueur et la remit à la
congrégation des cardinaux du saint-office avec
l'ordre de faire rédiger par quatre théologiens
l'arrêt qu'il comptait rendre. Un incident malheureux acheva de mal disposer le Pape envers
les Jésuites : Sixte-Quint était de plus en plus
mal vu à Madrid où on le soupçonnait d'avoir des
sympathies pour Henri de Navarre, « le Béarnais », et de lui ménager la couronne de France.
Un jeune jésuite, le P. Juan Geronimo, alla jusqu'à s'écrier du haut de la chaire que le pontife
favorisait et aidait l'hérétique Navarrais. Le
nonce annonça cet événement à Rome et le Pape
entra dans une vive irritation. Il se plaignit vivement de cette offense dans un consistoire tenu
quinze jours avant sa mort, déclarant qu'un
catholique ne peut pas accuser le Souverain
Pontife de favoriser l'hérésie, et reprochant à
l'Espagne de n'avoir pas infligé à l'imprudent
religieux un châtiment proportionné à la gravité
de sa faute.

C'est à la même époque que le P. Acquaviva
finit par accepter le changement de nom de la
Société de Jésus, nom que le Pape trouvait inju-
rieux pour les autres ordres religieux et les
fidèles, indécent parce que le Très Saint Nom
pouvait être traîné devant les tribunaux et incom-
mode parce que les pieux devaient toujours
se signer en l'entendant prononcer. Le général
exigea que le décret portant abolition du nom
mentionnât son intervention en faveur du nom

habituel. Acquaviva rédigea le décret, puis demanda qu'il fût soumis à l'approbation du Pape. Ceci se passait passait dans les premiers jours d'août 1585. Le 27 août, Sixte-Quint mourut, sans avoir eu le temps d'approuver le décret, qui ne fut jamais rendu.

CHAPITRE IV

La politique extérieure.

I

Sixte-Quint, l'Espagne, l'Italie, l'Empire et la Pologne.

Le pape Sixte-Quint, peu au courant des habitudes diplomatiques et des affaires de la politique extérieure, lorsqu'il monta sur le siège apostolique, ne tarda pas, nous l'avons dit, à devenir un politique fin, avisé et admirablement renseigné. A quel dessein destinait-il les richesses qu'il avait accumulées ? Comptait-il entreprendre une croisade contre les Turcs ? Ce n'est pas impossible. Cependant les choses de l'Europe devaient l'intéresser bien davantage : il s'agissait avant tout de lutter contre l'hérésie envahissante, de sauver, s'il en était encore temps, l'Angleterre et de s'occuper très soigneusement des événements de France.

C'est au roi d'Espagne Philippe II que Sixte s'adressa tout d'abord. Philippe II était ou voulait être le chef laïque de la chrétienté, le soldat vigilant de l'Eglise. Figure énergique et sombre un peu, Philippe avait empêché la Réforme de s'établir en Espagne, il avait extirpé dans ce pays l'hérésie nouvelle. Il n'y avait pas de souverain qui se montrât aussi zélé pour l'Eglise, qui comprît mieux son rôle de défenseur de la foi catholique. Et cependant Sixte n'aimait pas le roi d'Espagne ; une secrète antipathie semblait diviser ces deux grands hommes. Philippe, en effet, ne voulait pas que le pape intervînt dans les affaires religieuses de son pays et exerçât son ministère en Espagne sans l'autorisation du pouvoir royal. Il se croyait responsable devant Dieu du salut des âmes de ses sujets ; il aurait bien voulu étendre cette prérogative toute spirituelle. Roi mystique, il croyait posséder à la fois un ministère royal et un ministère sacerdotal : il pensait être un peu prêtre. Telles n'étaient pas les vues du Pape. Pour lui les princes séculiers ne doivent avoir aucune part aux affaires ecclésiastiques. Il admettait peu qu'ils adressassent aux papes leurs conseils et leurs prières et se croyait seul juge en matière de discipline et de dogme. De nombreuses plaintes sur les abus et les actes arbitraires en fait de provisions ne cessaient d'arriver à Philippe II. Olivarès, l'ambassadeur d'Espagne à la cour de Rome, proposa même de tenir à Tolède un concile général, qui en somme, en examinant les abus, ne ferait pas autre chose que de juger le pape lui-même. Le duc de Sessa, ambassadeur extraordinaire de

Philippe II va plus loin : il accuse le Pape de cupidité et d'injustice, et prétend qu'il a fait éprouver à l'Espagne des dommages inouïs. Olivarès le soupçonne de vouloir favoriser l'élection de son neveu comme futur pape. On voit donc que les diplomates espagnols ne ménagent pas Sixte-Quint. Philippe II negoûtait pas trop la véhémence de ses envoyés, surtout celle d'Olivarès, et il leur conseille souvent le calme et la modération.

Une vie de Pie V parue à Rome sous les auspices de Sixte-Quint fut interdite à Milan. Un décret du pape ordonnant qu'aucune résignation de bénéfices ne serait valable, si elle n'avait pas été examinée par un comité de trois cardinaux, fut jugé à Madrid (et aussi à Paris) comme un abus de pouvoir au détriment des droits de la monarchie. La question de la suzeraineté de l'Eglise sur le royaume de Naples causa une scène très vive entre Sixte-Quint et Olivarès ; le pape exigeant des évêques de la chrétienté qu'ils vinssent au moins une fois par an à Rome, cette mesure mécontenta l'épiscopat espagnol. Un incident se produisit entre le roi et le nonce à propos de la question des revenus et des bénéfices vacants. Il y eut aussi d'actives négociations entre Madrid et Rome pour la question du pardon et de l'absolution du péché de l'hérésie que le pape permettait à tout évêque d'accorder. L'Inquisition y vit un empiétement sur ses privilèges, le roi et Olivarès une occasion pour de feintes conversions et pour le « Béarnais » de faire son entrée au Louvre en abjurant la foi protestante. Le roi disait dans une dépêche à Olivarès : « Il y a inconvénient à confier le droit d'absoudre à des gens ignorants et de mauvaises mœurs comme

le sont la plupart des confesseurs français. »
Le roi ayant ordonné une visite au couvent des
religieuses de Las Huelgas et ayant fait intro-
duire dans cette maison quelques innovations
à la règle habituelle, le pape déclara la visite
nulle et non avenue. Beaucoup d'autres affaires
semblables contribuérent à refroidir les rapports
entre le pape et le roi. Mais la communauté de
leurs intérêts et aussi, il faut bien le dire, la
sage modération du roi, ont toujours empêché
une rupture. Tous deux avaient un même but,
l'unité de la foi catholique dans le monde, mais
Philippe II voulait la réaliser au profit de sa
propre couronne, il voulait une sorte de monarchie universelle dont il serait le chef.

Bien que le pape eût peu de sympathie pour
Olivarès, il lui fit part tout de suite de ses
projets de politique extérieure : la lutte contre
les Barbaresques et la conversion d'Elisabeth,
reine d'Angleterre. Olivarès et son roi furent
d'abord assez sceptiques, ne prirent pas le pape
au sérieux. Philippe que le pape sollicitait
d'entreprendre le siége d'Alger finit par répondre qu'il ne voulait plus en entendre parler.
La guerre de Flandre l'intéressait bien autre-
ment. Puis Olivarès apprit que le cardinal d'Este
essayait de faire approuver par le Saint-Père
une coalition du roi de France Henri III et des
princes français catholiques (réconciliés par
la paix de Nemours) contre l'Angleterre pour y
rétablir le catholicisme et y faire roi le fils de
Marie Stuart, roi d'Ecosse. Olivarès montra au
pape les dangers d'un tel dessein : Si les princes
catholiques français quittaient la France, celle-
ci serait bientôt la proie des hérétiques qui ne
tarderaient pas à se concerter pour venir au
secours d'Elisabeth. Le pape se laissa convain-
cre par ces justes raisons.

Olivarès ayant ajouté qu'Henri III traitait avec le Grand Turc, Sixte entra dans une violente colère et menaça d'excommunier Henri III si le fait était vrai et même de coaliser contre lui l'Europe catholique. Mais la grande question du salut de l'Angleterre n'abandonnait pas l'esprit du Pontife. Il n'aurait pas voulu mourir sans savoir ce royaume retourné au giron de l'Eglise et débarrassé à jamais de la domination hérétique. Ce problème lui paraissait comporter deux solutions : la conversion de la reine Elisabeth ou — mesure suprême — une expédition militaire. Le premier projet ne lui paraissait pas impraticable, ou plutôt divers indices assez graves lui permettaient de le croire. Il savait qu'Henri III entretenait d'assez bons rapports avec sa voisine d'Outre-Manche, il le fit sonder par le duc de Luxembourg pour qu'il représentât à la reine d'Angleterre les dangers de sa situation actuelle et tous les avantages d'une conversion. Mais cette tentative ne produisit pas de résultat efficace. Sixte allait jusqu'à promettre de l'argent au roi de France, mais ni le roi ni son ambassadeur ne partageaient les illusions généreuses du Souverain Pontife. Ce dernier admirait Elisabeth : « C'est une vaillante femme, disait-il à Joyeuse, si elle n'était hérétique elle vaudrait un monde. » La mort de Marie Stuart suscita une émotion considérable à Rome et à Madrid ; le Pape pleura beaucoup lorsqu'il apprit ce funeste événement, qui était un nouveau triomphe pour les protestants ; Philippe II considérait la jeune reine d'Ecosse comme une sainte. Sixte-Quint commença par envisager sérieusement une guerre contre l'Angleterre. Il s'intéressait fort au sort des catholiques anglais, toujours persécutés, et il promut

Mgr Alan cardinal. Le Pape ne tenait pas outre
mesure à ce que Philippe II ajoutât la couronne
d'Angleterre à la couronne d'Espagne ; mais il
finit par se dire qu'il n'y avait plus que ce
moyen pour rétablir le catholicisme en Angleterre.

Seulement la puissance navale de Philippe
était-elle suffisante pour tenter une expédition
contre l'Angleterre ? Le grand marin anglais
Drake était devenu la terreur des Espagnols ; il
capturait leurs galions chargés d'or sous les
remparts de Cadix, il attaquait leurs colonies.
Aussi Philippe II résolut de s'équiper une flotte
extraordinaire, une colossale escadre : l'*In-
vincible Armada*. Le Pape approuva cette idée
et promit au roi une subvention annuelle de huit
cent mille écus. Il se plaignait cependant des
lenteurs de Philippe, lui écrivait de sa propre
main pour lui conseiller de ne plus tarder, car
ce serait prolonger les souffrances des catholiques anglais.

Durant ces préparatifs, une brouille légère
était venue assombrir l'entente entre le Saint-Père
et le roi. Ce qui motiva cette brouille ce fut
une Pragmatique sur les titres publiés par
Philippe : l'Excellence et la Seigneurie illustris-
sime sont réservées aux cardinaux et à l'archevêque de Tolède ; les ambassadeurs n'ont droit
qu'à la simple seigneurie. Cette décision irrita
les ambassadeurs, surtout celui de l'Empereur
et le nonce. Le Pape menaça de mettre la Pragmatique à l'Index, prétendant que le Roi n'avait
pas qualité pour décider sur les titres des ecclésiastiques. Philippe II ne voulut pas céder. Il
était fort marri de ces petites querelles avec le
Vatican. Il entendit accuser le Pape de projeter
l'annexion du Royaume de Naples aux États

de l'Eglise, de concert avec la Sérénissime République. Mais il n'ajouta aucune foi à ces insinuations perfides. Le Pape, de son côté, est très mécontent des lenteurs de Philippe : les armements de l'Espagne contre l'Angleterre ne sont pas terminés et le Pape paie toujours des subsides considérables. Il s'en plaint amèrement à Giovanni Gritti, ambassadeur de Venise, au mois d'août 1588. « Il est certain, écrit Gritti au doge, que le roi d'Espagne arme, mais il n'est pas certain que les armements soient dirigés contre l'Angleterre. » Puis le Pape dit à Gritti qu'avec l'argent que coûte l'*Armada* on aurait pu entreprendre et mener à bien une guerre, une croisade contre les Turcs et reconquérir Jérusalem. « Si la reine d'Angleterre était seulement catholique, ajoute le Pape, elle serait aimée de nous au-dessus de tous, car elle est d'une très grande valeur. Voyez ce qu'est ce Drake !... Cette *Armada* d'Espagne nous donne des soucis. Nous avons de mauvais pressentiments et craignons un mauvais résultat. Au lieu de la faire partir en septembre de l'année dernière, comme nous avions conseillé, parce que, à la guerre, la promptitude est la chose principale, le roi a traîné en longueur, il a tergiversé et laissé à la reine le temps de se mettre en mesure de le recevoir. » Cependant le Pape reconnaît les services que rend et peut rendre Philippe à la cause catholique. « Sa vie, dit-il à Badoer, envoyé vénitien, est bien précieuse dans les temps où nous vivons. »

Philippe II qui voulait savoir quelle serait l'attitude de la France durant la guerre de l'Espagne contre l'Angleterre, s'adressa directement à Henri III. Celui-ci répondit vaguement qu' « un prince aussi prudent n'avait pas besoin

de conseils, et que personne n'ignorait combien
était affligé et travaillé le royaume de France. »
Cette réponse ne satisfit ni Philippe ni le Pape.
On comprit qu'Henri III ne pourrait empêcher
ses sujets, surtout les huguenots, de secourir
Elisabeth, et si l'on pouvait compter sur ses
sympathies, rien ne garantissait qu'il serait
capable de faire garder la neutralité à ses sujets.
Le roi d'Espagne essaya aussi vainement de se
faire donner par Rodolphe la dignité de vicaire
impérial en Italie, car pour pouvoir recruter
des gens de guerre en Italie, il lui fallait avoir
une autorité directe et efficace sur les feudataires
de l'Empire dans la péninsule. Pendant ce temps,
pendant que les armements militaires et mari-
times de l'Espagne étaient poussés, mais lente-
ment, Elisabeth organisait la défense de son
royaume et par ses agents à Constantinople, au
Maroc, en Perse et en Algérie, tâchait d'obtenir
une diversion des Musulmans contre l'Espagne
ou ses possessions. Et l'*Armada* ne partait pas ;
Philippe ne profitait même pas de l'éloignement
de Drake, alors aux Antilles. Sixte-Quint désolé,
dit à l'ambassadeur Badoer, que les Espagnols
sont comme le chien du jardinier, qui ne mange
pas les choux-fleurs et qui ne les laisse pas
manger par d'autres.

L'*Armada* finit par partir (août 1588), mais ce
fut pour courir au-devant du désastre que l'on
connaît et qui l'anéantit presque entièrement.
L'affliction fut grande à Madrid, où le roi devint
sombre et inabordable, et à Rome, où le Pape
ne voulut plus donner de subsides à l'Espagne.
Sixte, en effet, mesura toute la portée du désastre
que venait de subir l'Espagne. Il se plaignit amèrement à Olivarès de ce que ses conseils n'avaient
pas été écoutés. Pourquoi Philippe n'avait-il su

s’entendre avec don Antonio, le prétendant de Portugal, ni avec Henri III ? Pourquoi avait-il mis tant de lenteur dans ses préparatifs ? La colère du Pape pouvait se justifier. Il ne voulait plus exposer ses deniers dans une entreprise pareille. Alors qu’Elisabeth attribuait son salut à la Providence et Philippe sa défaite aux éléments, le Pape seul vit que la véritable cause de l’événement, ce furent la vaillance et le sens pratique de la reine servie par les irrésolutions du roi d’Espagne.

Telle fut, dans ses grandes lignes, la politique de Sixte-Quint à propos des affaires d’Angleterre. Son insuccès n’est dû qu’aux fautes de Philippe II. Il nous reste maintenant à étudier rapidement les rapports du Pape avec les autres Etats d’Europe, avant de passer, dans un chapitre spécial, au rôle joué par Sixte dans les affaires de France.

L’indépendance de l’Italie paraissait à Sixte-Quint la première condition du maintien de la paix dans la péninsule. Du reste, à cette époque, aucun des grands souverains — occupés qu’ils étaient presque tous à lutter ailleurs ou dans leur propre royaume — ne songeait à conquérir l’Italie. Le Pape aurait voulu une alliance profonde et et durable entre la Toscane et Venise qui, groupées autour de Rome, pouvaient, en formant ainsi un solide noyau, assurer la tranquillité du pays. Avec le grand-duc François de Médicis il entretenait de vieilles et amicales relations ; avec la République de Venise, il n’était pas sûr que l’entente fût exempte de tout sujet de conflit : on se souvient que comme inquisiteur, Sixte avait laissé d’assez mauvais souvenirs dans cette ville. Cependant il trouva des auxiliaires puissants pour sa politique dans la personne des ambassadeurs vénitiens et surtout de Lorenzo Priuli, ancien ambassadeur de Venise à Madrid, homme prudent, politique éprouvé. Le nonce de Sixte V auprès de la république, l'archevêque de Capoue, expose, dans son discours au sénat, que le Pape compte sur la fidélité des Vénitiens envers la religion et le Saint-Siège et qu'en retour il leur promet son aide contre les incursions des Barbares, les trésors de l'Eglise, les revenus du Saint-Siège et jusqu'à sa propre vie. Sixte conseillait aux envoyés vénitiens de ne pas en venir à une rupture ouverte avec le Grand Turc. Pour le moment, celui-ci était occupé de sa guerre avec la Perse, mais quand il serait libre, il ne faudrait pas le provoquer, car il est trop puissant. Il faut que les Vénitiens attendent que le Pape soit prêt et restent prudents. Gritti succéda à Priuli et Badoer à Gritti. Ces ambassadeurs voyaient le Pape plusieurs fois par semaine et causaient parfois des heures entières avec lui. « Les ligues nous déplaisent, disait-il un jour à Gritti ; les seules ligues que nous voulons conclure, les voici: Si un prince veut faire la guerre aux Turcs, nous l'aiderons ; si quelqu'autre prince la veut faire aux hérétiques, nous l'aiderons encore ; mais les ligues entre plusieurs princes, nous ne les avons jamais approuvées. » Il savait que la ligue de 1537 entre Venise, le pape Paul III et Charles-Quint avait fait perdre aux Vénitiens la Morée et une partie de la Dalmatie. Ce ne fut qu'à la fin de son pontificat, qu'inquiet des menaces de guerre que lui faisait Olivarès, il songea à une ligue avec Venise. Il eut à cœur d'entretenir tout le temps de bons rapports entre les divers Etats italiens, Florence, Venise, Ferrare, Mantoue, l'ordre de Malte. Il pouvait ainsi contrebalancer en Italie la prépondérance de l'Espagne.

En mars 1585, le duc Charles-Emmanuel de Savoie avait épousé l'infante Catherine, fille cadette de Philippe II. Il en résulta une solide entente entre le roi d'Espagne et son gendre, et dès son retour en Savoie, Charles-Emmanuel conçut le projet d'attaquer Genève. Le Pape approuva cette idée et promit des troupes de renfort. Mais le projet déplut à Paris et le roi Henri III le fit savoir au Pape, qui abandonna son entreprise ! Henri III ne tenait pas à voir un allié de Philippe établi en Suisse sur les frontières de France. Le duc ne put s'emparer de Genève, il ne put même pas obtenir de son beau-père la Sardaigne avec le titre de roi. Mais en novembre 1588 il s'empara à l'improviste du marquisat de Saluces qui appartenait à la couronne de France, accusa le Saint-Père d'avoir encouragé ce coup de force, et Philippe ne se montra pas disposé à soutenir l'ambition de son gendre. En réalité le Pape avait fait signer par le duc une déclaration par laquelle celui-ci s'engageait à rendre ce petit pays infesté d'hérétiques au roi de France, « pourvu que Sa Majesté y envoyât un personnage catholique avec mission d'en prendre possession ». Le Pape, devant les remontrances de Pisany, de Joyeuse et de Gritti, défend l'occupation de Saluces. Il a voulu préserver l'Italie de l'hérésie. D'ailleurs tout s'arrangera. Le roi de France n'a qu'à chasser les huguenots et on lui rendra le marquisat. Mais Henri III s'entêta. Il n'agissait pas, mais il faisait parler de guerre par ses ambassadeurs.

Le duc de Parme, jaloux du développement de la Savoie, fit faire des remontrances au Pape par son oncle, le cardinal Farnèse. Celui-ci dit au Pape qu'il convenait de ne pas irriter le roi de France, qui pourrait bien passer dans le

parti huguenot et que si la France était alors
déchirée par les factions, tous les partis sau-
raient se réconcilier pour marcher contre l'en-
nemi commun. » Cette intervention fut efficace.
Un événement considérable, le meurtre du duc
de Guise, changea la situation. Philippe II
prit fait et cause pour son gendre et eut une
attitude menaçante pour la France. La Ligue
n'ayant plus de chef, il se croyait destiné à
devenir, lui, Philippe, roi de France. Et l'affaire
du marquisat de Saluces en resta là.

Dès le début du pontificat de Sixte-Quint,
l'Empereur Rodolphe fit demander au Saint-
Père, par ses ambassadeurs Daun de Zimber et
Curtius, de vouloir bien intervenir dans l'affaire
du Val de Tar. Le comte Landi possédait ce
bourg à titre de fief de l'Empire, et le duc de
Parme, père du général Alexandre Farnèse,
l'avait confisqué, sous prétexte qu'il était duc de
Parme et de Plaisance. D'un autre côté, Alexandre Farnèse, arrivé d'abord au faîte de sa gloire
militaire, recommanda cette affaire au Pape.
Sixte-Quint était donc fort embarrassé. L'Empereur, homme tenace avant tout, exigea de ses
deux ambassadeurs qu'ils ne revinssent à Prague qu'avec une réponse favorable du Pape. Ils
firent tout pour l'obtenir. Le Pape répondit qu'il
avait à cœur les intérêts de l'Empereur, mais
que celui-ci ne devait pas se brouiller avec son
proche parent le roi d'Espagne, ami des Farnèse, et que Philippe proposait de garder le Val
de Tar jusqu'au complet règlement du conflit. Les ambassadeurs autrichiens se retirèrent,
fort mécontents. Le Pape leur envoya le cardinal Azzolino pour les calmer. Celui-ci leur dit
que le Saint-Père était au courant d'une intrigue
menée par le jeune duc de Saxe pour faire

donner l'Empire au roi de Danemark et que Sixte-Quint se faisait fort de déjouer cette intrigue. Là-dessus les ambassadeurs éclatèrent de rire, répondirent que les affaires d'Allemagne n'intéressaient que l'Empereur et que le Pape savait bien ce qu'il y avait à faire pour contenter leur auguste maître. L'affaire de Neuss vint laisser en suspens celle du Val de Tar. La ville de Neuss était tombée aux mains des hérétiques : l'archevêque de Cologne Ernest et son frère Guillaume de Bavière demandèrent des subsides au Pape, pour s'emparer de cette ville. Sixte-Quint refusa, mais invita Philippe II à faire occuper Neuss par l'armée de Farnèse, opération qui fut menée très rapidement. Rodolphe en fut satisfait comme catholique, mais, comme Empereur, il sentit bien que son prestige était diminué. Sa situation en Allemagne devenait de plus en plus précaire. Il aurait voulu la paix avec les princes protestants, et pour la maintenir il priait Sixte-Quint de ne pas lancer contre eux de bulle privatoire, c'est-à-dire les privant de leurs droits et déliant leurs sujets du serment de fidélité. Les princes luthériens, Auguste de Saxe en tête, redoutaient encore l'autorité du Pape. Les calvinistes français leur proposèrent de faire d'accord avec eux et la reine d'Angleterre la conquête de la France ; des pamphlets furent même dirigés contre l'empereur Rodolphe II. Il en résulta une grande inquiétude chez celui-ci. Il voulait obtenir du Pape que celui-ci changeât, dans une de ses bulles contre les protestants allemands, le conditionnel *non incommoderemus*, nous n'incommoderions pas, en *non incommodabimus*, nous n'incommoderons pas les protestants. Sixte-Quint n'accéda pas à ce désir. Il se produisit alors une certaine tension dans les rapports entre la cour de Prague et Rome. Rodolphe II était un souverain assez intelligent, mais manquant d'énergie. Deux questions le préoccupaient, celle de son mariage avec une infante d'Espagne, et l'élection du roi des Romains. Il s'agissait d'empêcher un prince protestant de prendre la couronne impériale. Du reste, les catholiques allemands étaient fort divisés entre eux, alors que les calvinistes et les luthériens très unis et marchant d'accord pouvaient procéder peu à peu à la conquête de l'Empire. D'ailleurs les finances impériales étaient dans un état lamentable et l'on pouvait même dire qu'elles n'existaient guère que sur le papier. Le Pape avec sa grande pénétration des hommes et des choses, savait qu'il n'avait pas à attendre grand'chose de Rodolphe II pour réaliser ce qu'il aimait à appeler « la grande réforme de l'Allemagne ».

Les affaires de Pologne intéressaient à un très haut degré Sixte-Quint qui avait une grande affection pour le chevaleresque roi de ce pays. Etienne Bathori. Le Pape aurait voulu se servir de lui contre les Turcs, lui ménager des espérances du côté de la Moscovie et terrasser, grâce à son épée, les Infidèles. Mais la mort de Bathori, arrivée en 1587, arrêta ces projets et remplit le Pape de douleur : il prononça une belle et émouvante oraison funèbre du roi défunt. « Avec ce prince, disait-il, nous avons perdu nos espérances ; car à l'aide des sommes que nous lui avions envoyées, il s'apprêtait à combattre les Turcs, à envahir la Moscovie et à opérer ainsi sa jonction avec les Tartares et les Persans. » Deux compétiteurs se disputèrent le trône de Pologne : l'archiduc Maximilien et Sigismond de Suède, qui s'engageait à opérer le retour de la Suède à l'union avec Rome, Sigismond l'emporta et Maximilien fut emmené prisonnier en Pologne. L'Empereur, le roi d'Espagne, le grand-duc de Toscane intervinrent auprès du Pape pour qu'il demandât à la cour de Cracovie la délivrance de l'archiduc. Le Pape, très embarrasé, car l'archiduc ne voudrait peut-être pas renoncer au trône de Pologne, envoya comme légat auprès des parties intéressées, le cardinal Aldobrandini. La mission de ce prélat était fort difficile, mais il réussit cependant à amener la paix entre Sigismond, l'Empereur et les archiducs. L'Empereur .s'engageait à ne faire, dans ses futures trêves avec les Turcs, aucune stipulation défavorable à la Pologne et le roi Sigimond s'engageait de la même façon à l'égard de l'Empereur. L'archiduc Maximilien devait renoncer à ses prétentions : quand il se vit sur la frontière avec une forte escorte de cavaliers autrichiens, il refusa de prêter le serment demandé et gagna rapidement l'Autriche ; mais il céda quand il se vit désavoué par le Pape et l'Empereur.

Ainsi, une fois de plus, grâce à l'entremise de Sixte-Quint; la paix était rétablie et l'équilibre européen était maintenu. C'est un des caractères de la politique de ce grand Pape que de ne pas tenter des choses inutiles, de ne pas concentrer entre les mains d'un seul prince toute la puissance européenne. Et il poursuit toujours, sans s'éloigner de la même politique, la lutte contre les hérétiques. Nous allons voir comment il intervint dans les guerres civiles qui désolaient alors le royaume de France.

II

Sixte-Quint et la France.

A l'époque de l'avènement de Sixte-Quint, les factions déchiraient notre pays. Les protestants avaient pour chef le roi de Navarre, Henri le « Béarnais » ; les Ligueurs se groupaient autour des princes ; les *politiques*, tantôt reconnaissaient le pouvoir de Henri III, roi sans prestige aucun, tantôt hésitaient dans leurs préférences. Chaque parti appelait l'étranger à son secours : les Guises, le roi d'Espagne ; le roi de Navarre et Condé, l'Angleterre et les protestants allemands. Le 16 janvier 1585, les ducs de Guise et de Mayenne signèrent avec les représentants de la cour de Madrid et du cardinal de Bourbon le traité de Joinville : on reconnaissait le cardinal de Bourbon comme l'héritier de la couronne, tout prince hérétique devant être exclu de la succession. Philippe II s'engageait à fournir des secours à la Ligue. Grégoire XIII, sans s'être prononcé officiellement par des bulles pour les Ligueurs, les « coalisés », les avait encouragés par des messages envoyés par le cardinal de Sens au duc de Guise et par le P. Mathieu. Sixte-Quint devenu pape, il y eut des conflits à Rome, entre le cardinal d'Este, défenseur de Henri III, et le cardinal de Sens, ami de la Ligue. Sixte-Quint était très embarrassé. Assurément il condamnait Henri de Navarre, hérétique déclaré, mais quel parti prendre entre Henri III et le duc de Guise ? Les sympathies étaient pour Henri III ; les Ligueurs étaient des rebelles, mais c'étaient les seuls défenseurs de la foi : il ne pouvait les repousser. Même, il reçut assez bien, le 1er juin 1585, les envoyés des coalisés, le cardinal de Vaudemont et le duc de Nevers, qui venaient demander au Saint-Père des bulles donnant aux Ligueurs l'appui officiel de l'Eglise et une bulle privatoire excluant de la succession au trône de France, Henri de Navarre et le prince de Condé. Olivarès soutint les Ligueurs, demanda même la déchéance des enfants catholiques de Condé : le Pape refusa. Il refusa aussi de prêter de l'argent tant aux Ligueurs qu'à Henri III qui aurait donné cet argent à ses mignons. Les délégués des coalisés partirent en n'emportant qu'un bref, assez peu explicite, au cardinal de Bourbon. Quant à la bulle privatoire, le Pape déclarait vouloir entendre les gens avant de les condamner. Seulement peu de temps après le traité de Nemours, par lequel Henri III prohibait la religion réformée et donnait des places de sûreté à la Ligue, il lança sa bulle déclarant Henri de Bourbon, prétendu roi de Navarre, et Henri de Bourbon, prétendu prince de Condé, hérétiques, relaps, déchus eux et leurs héritiers de toute principauté et incapables de succéder au royaume de France. Leurs vassaux et leurs héritiers étaient déliés du serment de fidélité.

Sixte-Quint vit plus tard que sa première intervention dans les affaires de France n'avait pas été très habile. Du moins n'y avait-il plus que deux partis en France : les ennemis et les défenseurs de la foi. Ces derniers devaient se grouper autour de Henri III. Mais les lenteurs apportées par Henri III dans sa lutte contre les huguenots désespéraient le Pape, il commençait à entrevoir une possibilité d'abjuration de Henri de Navarre. Philippe II qui appréhendait cet événement déclara, par l'intermédiaire d'Olivarès, qu'il considérerait toujours comme feinte une conversion du Béarnais. Pour lui, cette conversion ne serait que le moyen de succéder au royaume de France et non un acte de pénitence. Un relaps ne peut devenir maître de la France... Si le Pape accepte la conversion et la succession de Henri de Béarn, lui, Philippe, interviendra à main armée et alors ce sera le partage de la France. Mais Philippe ne désignait aucun successeur au royaume de France. Le Pape observait les événements. Il conseille au roi Henri III de ne pas séparer sa cause de celle des chefs de la Ligue et il envoie à tous sa bénédiction. Lorsqu'à la fin de 1587 le roi de France menaça de se rallier aux hérétiques si le duc de Lorraine et ses troupes rentraient en France, le Pape, fort affligé, dit à Olivarès que si Henri III exécutait son projet, Philippe ferait bien de tourner contre lui les armements qu'il préparait contre l'Angleterre ; et il fit de véhéments reproches à Pisany et à Joyeuse. Les négociations de la reine-mère avec le Navarrais irritaient le Pape. Il répondait à Pisany qui essayait de justifier son maître que le roi ne devait pas ménager à Navarre le temps qu'il fallait pour ses armements. Le Béarnais s'était plaint au Pape de la bulle privatoire et il demandait qu'on lui envoyât des théologiens, promettant de les écouter attentivement. Le Pape refusa, ne comptant pas encore sur cette conversion. Il revint à son idée d'une bonne entente entre le roi et la Ligue. Après la défaite des reitres huguenots par le duc de Guise, Henri III s'attribua tous les avantages de ce succès et fit une entrée ridiculement triomphale à Paris. Le pape n'en conçut que du dédain pour ce roi impuissant.

En 1588, les chefs de la Ligue, d'accord

avec le corps municipal des Seize, fit son entrée
à Paris dans la journée des Barricades. Le roi
s'enfuit, Guise était maître de la ville. Le pape,
un instant irrité contre le rebelle, ne tarda pas
à voir que c'était en somme lui qui défendait le
mieux la foi catholique en France. La république de Venise chargea Gritti d'intervenir auprès
du pape en faveur de Henri III, pour la paix de
la chrétienté et de l'Italie ; le Sénat Sérénissime
craignait que le roi ne passât aux hérétiques.
Le Pape refusa d'agir contre le duc de Guise,
mais dit qu'il lui avait conseillé de se soumettre
au roi. Mgr Morosini, nonce apostolique en
France, essaya de réconcilier les chefs de la
Ligue avec le roi. Nommé légat, en récompense
de ses services, il conseilla à Henri III et à la
reine-mère une politique nouvelle, hardie, mais
qui pouvait être féconde, une alliance avec
Philippe II. Sixte-Quint entra volontiers dans
ces vues, mais Philippe ne s'y prêta pas. En
septembre 1588, les États-Généraux se réunis-
saient à Blois : Sixte-Quint n'augurait rien de
bon de cette mesure. Le 23 et le 24 décembre
furent assassinés le duc de Guise et le cardinal
de Lorraine. L'émotion du Pape fut indicible et
il la laissa bien voir au consistoire qu'il tint
quelque temps après. Pisany et Joyeuse durent
quitter Rome, Morosini partit de Blois. En 1589,
Henri III fut excommunié : le 1er août, il tombait
sous les coups de Jacques Clément. C'est alors
que le Pape se rapproche de la Ligue et de Philippe II. Il envoie Gaëtani à Paris et ce légat
soutint de toutes ses forces le parti des Ligueurs.
Philippe II pouvait, à ce moment, espérer la
couronne de France, en dédommagement du
désastre de son *Armada*. Mais Henri de Navarre
veillait. Par son agent à Venise, Maisse, il se

ménagea dans la République de puissants appuis. Le Pape avait toujours entretenu de bons rapports avec Venise et ses ambassadeurs, Priuli, Gritti, Badoer. Il sembla prêter l'oreille aux conseils que lui donnèrent à ce moment les Vénitiens et surtout Donato, de ne pas trop se compromettre avec la Ligue et de ménager le Béarnais. Celui-ci d'ailleurs avait à Rome un habile représentant, le duc de Luxembourg, qui laissa entrevoir au Pape une abjuration très possible de Henri de Navarre. Mais Sixte-Quint n'était pas encore convaincu ; il proposa même à Philippe II une intervention armée en France. Il fallut la victoire d'Henri à Ivry pour le faire changer d'opinion. Il comprit que les destinées de la France étaient liées avec celle de Henri de Navarre, et il voulut laisser agir la Providence. Le duc de Sessa, envoyé extraordidaire de Philippe II à Rome, proposa au Pape une capitulation, c'est-à-dire une convention. Le Pape enverrait à la Ligue des secours en argent et en hommes. Sixte-Quint refusa : « Ce ne sont point, disait-il, des choses qui regardent la foi. » Il ne tenait pas à gaspiller ses deniers ni ses troupes. Cependant il ne s'était pas encore prononcé au sujet de la succession du royaume de France ; il ne s'opposait même pas à ce que le roi d'Espagne s'en emparât. En 1590, le roi de Navarre reprit le siège de Paris. Il n'était pas encore levé lorsque le 27 août 1590, Sixte-Quint mourut à la suite d'une fièvre violente (1).

(1) **Les bruits d'empoisonnement par les Espagnols répandus à l'occasion de cette mort ne reposent sur aucun fondement sérieux.**

CONCLUSION

Le pontificat de Sixte-Quint avait duré cinq ans, mais il avait été merveilleusement rempli. Le Pape avait rétabli l'ordre dans ses Etats et dans les finances de l'Eglise; Il avait su faire respecter partout l'autorité du Saint-Siège. Il avait créé une bureaucratie active et augmenté, facilité, par les congrégations, l'initiative des cardinaux. Il avait embelli Rome de monuments; ses travaux de salubrité sont considérables : il fit construire, pour amener à Rome de l'eau en quantité suffisante, un aqueduc de vingt-deux milles qui porte son nom : l'Acqua Felice ; il fit ériger sur la place de Saint-Pierre l'obélisque que Caligula avait amené à Rome et que le temps, et aussi les Barbares, avaient renversé ; il fonda la bibliothèque du Vatican. Comme canoniste, on lui doit la bulle « *Detestabiles* » du 21 octobre 1558, qui règle toute la matière des contrats.

Sa politique extérieure, un peu hésitante au début, devint ferme par la suite. Son principe était de n'intervenir dans un pays qu'au cas où la religion était menacée ; il ne voulait pas assurer la prépondérance ou plutôt l'hégémonie à un seul souverain, et il voulut toujours maintenir l'indépendance de la France pourvu que ce pays restât catholique. Mais ses deux grands projets : la lutte contre les infidèles et le retour de l'Angleterre à l'Eglise ne purent être réalisés. Ce fut la faute aux hommes et aux circonstances. Lui avait la volonté et l'énergie. Pontife dans tout le sens du terme, connaissant à merveille ses droits, conscient de son infaillibilité en

matière de foi (1), s'il eût vécu plus longtemps,
il eût peut-être donné à la Papauté un prestige
tel qu'il aurait fallu remonter au temps des Grégoire VII et des Innocent III pour s'en faire une
idée. D'un coup d'œil sûr et profond, d'une intelligence pénétrante, d'une inébranlable et même
impitoyable fermeté, il semble représenter à peu
près ce qu'aurait été un Richelieu sur le trône
de saint Pierre.

(1) Il croyait que Grégoire XIII s'était trompé dans sa
réforme grégorienne, mais il ne s'en étonnait pas, un Pape
n'étant infaillible, disait-il, qu'en matière de foi et de
mœurs. Cette idée-là au xvi⁰ siècle est à remarquer.

BIBLIOGRAPHIE

I. — Les sources. — Nous en avons parlé dans l'Introduction. Elles sont presque toutes contenues dans les Archives diplomatiques de Simancas, Rome, Venise, Florence, Vienne, Paris. Y joindre quelques avvisi vénitiens et romains.

II. —Les livres de seconde main :

Tempesti. — *Storia de Sisto-Quinto.* — Roma, 1754.

Leopold von Ranke : *Fürste und Völker von Süd-Europa im XVI*. Jahrhundert Berlin, 1727.

Les Papes de Rome, leur Eglise et leur Etat au XVI siècle, 1839.

Lorentz. — *Sixte V et son temps* — Mayence. 1852.

Segretain. — Même sujet. 1861.

de Hübner. — *Sixte-Quint.* — Paris (3 volumes), 1870.

Gozzadini — *Giovanni Pepoli e Sisto V.* — 1 vol. in-8° Bologna, 1879.

Les Histoires générales : Lavisse et Rambaud, article de M. Chénon, en particulier.

La Grande Encyclopédie. : L'article sur Sixte-Quint (signé Vollet) n'est pas au courant de la science.

TABLE DES MATIÈRES

1417-06 — Imp. Orph.-Appr., F. Blétit, 40, rue La Fontaine, Paris.

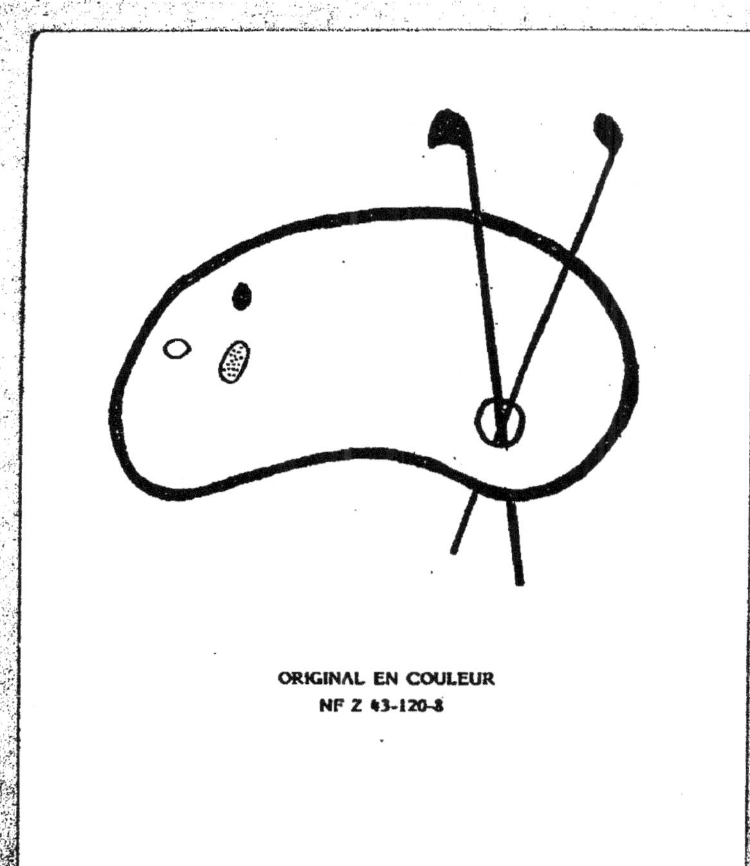

ORIGINAL EN COULEUR

NF Z 43-120-8

www.ingramcontent.com/pod-product-compliance
Lightning Source LLC
Chambersburg PA
CBHW051136050726
47594CB00003B/1113